ADOLPHE JULLIEN

L'ÉGLISE ET L'OPÉRA

EN 1735

MADEMOISELLE LEMAURE

ET L'ÉVÊQUE DE SAINT-PAPOUL

PARIS

A. DETAILLE, LIBRAIRE-ÉDITEUR

10, RUE DES BEAUX-ARTS, 10.

M DCCC LXXVII

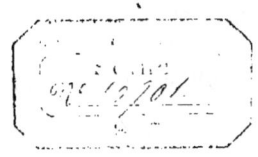

L'ÉGLISE ET L'OPÉRA EN 1735

MADEMOISELLE LEMAURE ET L'ÉVÊQUE DE SAINT-PAPOUL

AUTRES OUVRAGES DU MÊME AUTEUR

EN VENTE A LA MÊME LIBRAIRIE
ET A LA LIBRAIRIE BAUR, 11, RUE DES SAINTS-PÈRES

Le Théâtre des Demoiselles Verrières. LA COMÉDIE DE SOCIÉTÉ DANS LE MONDE GALANT DU SIÈCLE DERNIER; une brochure grand in-8º.

Les Spectateurs sur le Théâtre. ÉTABLISSEMENT ET SUPPRESSION DES BANCS SUR LES SCÈNES DE LA COMÉDIE-FRANÇAISE ET DE L'OPÉRA, avec documents inédits extraits des Archives de la Comédie-Française, un plan du Théâtre-Français avant 1759, d'après Blondel, et une gravure à l'eau-forte de M. E. Champollion, d'après Ch. Coypel (1726); une brochure grand in-8º.

Histoire du Théâtre de Mme de Pompadour, dit Théâtre des Petits-Cabinets; un volume grand in-8º, avec une eau-forte de Martial, d'après Boucher.

La Musique et les Philosophes au dix-huitième siècle; une brochure in-8º.

L'Opéra en 1788, Documents inédits extraits des Archives de l'État; une brochure in-8º.

La Comédie à la cour de Louis XVI. LE THÉÂTRE DE LA REINE A TRIANON, d'après des documents nouveaux et inédits; une brochure in-8º.

Les Grandes Nuits de Sceaux. LE THÉÂTRE DE LA DUCHESSE DU MAINE, d'après des documents inédits; une brochure in-8º.

Un Potentat musical. PAPILLON DE LA FERTÉ, SON RÈGNE A L'OPÉRA, DE 1780 A 1790, d'après ses lettres et ses papiers manuscrits conservés aux Archives de l'État et à la Bibliothèque de la Ville de Paris; une brochure in-8º.

Weber à Paris en 1826. SON VOYAGE DE DRESDE A LONDRES PAR LA FRANCE; LA MUSIQUE ET LES THÉÂTRES, LE MONDE ET LA PRESSE PENDANT ON SÉJOUR; une brochure in-8º.

TIRÉ A 300 EXEMPLAIRES
dont 25 sur papier vergé.

ADOLPHE JULLIEN

L'ÉGLISE ET L'OPÉRA
EN 1735

MADEMOISELLE LEMAURE

ET L'ÉVÊQUE DE SAINT-PAPOUL

PARIS

A. DETAILLE, LIBRAIRE-ÉDITEUR

10, RUE DES BEAUX-ARTS, 10.

M DCCC LXXVII

A MON AMI

LÉON FILHOS

L'ÉGLISE ET L'OPÉRA EN 1735

Mlle LEMAURE ET L'ÈVÊQUE DE SAINT-PAPOUL

Le siècle dernier était le siècle favori de l'irrévérence et du scandale. Il y avait par toute la société un violent courant de moquerie, un désir inextinguible de rire aux dépens du prochain, de compromettre les gens pour les mieux railler, de provoquer le scandale s'il tardait à naître, de le supposer même s'il venait à ne pas éclater. Par un raffinement bien digne de cette société policée jusqu'à la corruption, blasée jusqu'au dégoût, mais si élégante encore, si noble en son abaissement volontaire, plus un sentiment était digne de vénération, plus un caractère était digne d'hommage ou une personne digne de respect, plus il y avait de plaisir à leur refuser vénération, hommage, respect, plus il y avait d'âcre jouissance à les tourner en ridicule, à les bafouer, à les avilir. Sentiments de famille, fidélité des femmes, honnêteté des filles ou sentiment de patrie, honneur des magistrats, vœux des évêques, tout était prétexte à raillerie, à quolibets, à chansons pour ce monde dépravé qui avait désappris le respect de toute chose honnête pour ne plus savourer que le malhonnête et le scandaleux.

C'était surtout le clergé qui était presque constamment en butte aux attaques des esprits inquiets comme des rieurs sans arrière-pensée, et il faut reconnaître que les gens d'église, à commencer par les premiers d'entre eux, donnaient souvent alors l'exemple de l'inconduite, de la légèreté de mœurs et semblaient vouloir provoquer les risées de la galerie. Les aventures où la dignité de la soutane fut compromise ou seulement effleurée, méconnue des rieurs, abondent au siècle dernier; mais ce sont pour la plupart de courtes anecdotes, et les mystifications en règle sont le plus souvent trop crues pour être publiées autrement que sous le manteau. Il en est une pourtant, de longue haleine, très-amusante et très-inconnue — car il n'y est fait allusion nulle part — qui peut, grâce à sa forme sérieusement comique, être racontée d'un bout à l'autre sans embarras. Cette histoire met en scène deux personnages de marque : un prélat et une fille d'Opéra très-célèbre, mais sans les aboucher ensemble, — leurs aventures, absolument parallèles, ne se confondent jamais, — et en même temps qu'elle permet de retracer la carrière trop ignorée d'une des plus illustres chanteuses de notre Académie de musique, elle fait connaître au mieux les goûts légers de cette société imprévoyante et les amusements satiriques, les écrits facétieux dont les gens de bon ton étaient alors épris.

I

Catherine-Nicole Lemaure était née à Paris le 3 août 1703. Reçue d'abord à l'Opéra, dans les chœurs, en 1719, elle débuta, comme chanteuse soliste, au courant de décembre 1721, en remplaçant Mlle Éremans dans le prologue de *Phaéton*, dont on venait de faire une reprise solennelle le mois précédent[1]. Le *Mercure* de décembre s'exprime ainsi sur le compte de la débutante : « L'Académie royale de musique ne nous fournit presque rien de nouveau ce mois-ci qui mérite d'être rapporté. Elle continue toujours les représentations de *Phaéton*. Mais nous ne devons pas passer sous silence la demoiselle Lemaure, jeune personne qui vient de chanter le rôle d'Astrée dans le prologue de cet opéra. On lui trouve des grâces et de l'expression

---

[1]. La tragédie lyrique de Quinault et Lulli datait du 6 janvier 1683, époque à laquelle elle avait été exécutée à Versailles devant la Cour ; la première représentation à Paris était du 27 avril de la même année. La belle et blonde Fanchon Moreau avait débuté à l'âge de quinze ans dans ce même rôle du prologue qui servit ensuite au début de Mlle Lemaure. A cette dernière reprise du 13 novembre 1721, les rôles du prologue étaient chantés par Mlle Éremans et Chassé ; ceux de Libye, de Théone et de Climène dans la tragédie, par Mlles Tulou, Antier et Lambert ; Phaéton, Epaphus, Prothée, Triton, Mérops, le Soleil, par Muraire, Thévenard, Dubourg, Jassier, Lemire et Tribou. « Ce dernier acteur n'avoit jamais paru à Paris, dit le *Mercure*; c'est un jeune homme fort bien fait, à qui on trouve beaucoup de grâces dans la déclamation, dans le geste et dans la voix. »

dans le visage, dans les yeux et dans le geste ; et pour la voix, on ne la compare pas moins qu'à Mlle Rochoys, la plus fameuse actrice qui ait paru sur ce théâtre. »

La prédiction était belle, mais le début était bien modeste. Le mois suivant, la jeune chanteuse montait d'un degré, et à la représentation du 4 janvier 1722, elle remplaçait Mlle Tulou dans le rôle de Libye, tandis que celle-ci, de plus en plus goûtée du public, doublait Mlle Antier dans le personnage de Théone, et « le chantait avec beaucoup d'applaudissements. » Puis, l'Opéra ayant repris, le 12 mai de cette année, le *Ballet des Saisons*, de l'abbé Pic, Louis Lully et Colasse, qui n'avait pas paru depuis dix ans, Mlle Lemaure fut chargée de tenir le rôle de Cérès dans la seconde entrée, à côté de Mlle Antier-Pomone, des sieurs Thévenard et Granet, qui figuraient Vertumne et l'Été. La jeune débutante marchait lentement, mais chaque pas qu'elle faisait marquait un progrès sensible, et en même temps qu'elle gagnait les suffrages du public, elle s'assurait la faveur de ses chefs en se prêtant aux exigences imprévues du répertoire.

Ainsi fit-elle l'année suivante. L'Opéra venait de rouvrir, après les vacances de Pâques 1723, en donnant, le mardi 6 avril, l'opéra de Laserre et Mouret, *Pirithoüs*[1], alors dans toute sa nouveauté, lorsque les représentations en furent subitement interrompues par les indispositons simultanées de quelques actrices. Mlle Lemaure fut chargée alors de remplacer Mlle Tulou dans le personnage d'Hippodamie : elle apprit le rôle en hâte et le put chanter dès le jeudi 15, « avec l'applaudissement de tout le public », pour employer les expressions mêmes du *Mercure*. Peu après, elle était choisie pour créer deux rôles dans le ballet héroïque de Fuzelier et Colin de Blamont, *les Fêtes grecques et romaines*, qui fut donné le 13 juillet de cette année, et elle représenta d'original Clio et Timée, à côté de Thévenard et de Tribou, de Muraire et de Granet, de Mlles Antier, Éremans et Constance. La partie chorégraphique était tenue par les deux Dumoulin, par Dupré, par Mlles Prévost et Menès. Enfin, un an plus tard, elle était chargée du rôle de Céphise, créé par Mlle Desmâtins, dans la deuxième

---

1. *Pirithoüs* avait été joué pour la première fois le 26 janvier 1723. Voici la distribution des rôles : Mlle Éremans (l'Europe), Mlle Catin (l'Amour), Mlle Listrade (l'Hymen), Mlle Mignier et Dun, dans le prologue. — Dans l'opéra : Muraire (Pirithoüs), Thévenard (Eurite), Dubourg (Thésée), Mlle Tulou (Hippodamie), Mlle Antier (Hermilis), Dun, Lemire, Tribou (la Discorde), Granet, Guesdon, Mlles Mignier, Julie et Listrade.

entrée de *l'Europe galante*, lors d'une reprise éclatante de l'opéra de Lamotte-Houdart et Campra, effectuée en juin 1724[1].

La jeune débutante créa ensuite un rôle peu important dans le célèbre opéra-ballet de Roy, Lalande et Destouches : *les Éléments* (29 mai 1725), puis elle s'enfuit du théâtre presque aussitôt après. Peut-être était-elle lasse de chanter et de se donner tant de peine sans avoir conquis une position inattaquable, sans être encore favorite attitrée du public et maîtresse souveraine de l'Opéra; peut-être pensa-t-elle qu'une absence momentanée ferait mieux apprécier son talent, et que plus elle serait regrettée après son départ, plus elle serait adulée au retour. Si telle était son idée, ce n'était vraiment pas mal calculer pour une chanteuse qu'on disait assez pauvre d'esprit. Elle partit donc, mais cette disparition, la première des nombreuses fugues que devait faire la capricieuse artiste au gré de sa fantaisie ou de ses amours, ne dura guère plus d'un an. Elle effectuait triomphalement sa rentrée au mois de décembre 1726, et le ton même dont on annonça cette grande nouvelle put montrer à la chanteuse qu'elle était arrivée au pinacle. « Le même jour (26 décembre), la demoiselle Lemaure, après une longue absence, reparut sur le théâtre de l'Opéra, dans le rôle de Thisbé (de *Pyrame et Thisbé*), à la grande satisfaction du public qui, par des applaudissements redoublés, rendit justice à sa belle voix et à son jeu simple, noble et naturel. » Jamais le *Mercure* n'en avait tant dit sur son compte. Il fallait qu'on craignît bien de la perdre encore pour la flatter de la sorte afin de la retenir à force d'éloges [2].

Sitôt revenue, sitôt partie. Au mois d'août de l'année suivante, Mlle Lemaure s'éclipsait encore et restait absente pendant plus de

---

1. De la Borde, Fétis et Castil-B'aze datent seulement de ce rôle et de ce jour (20 juin 1724) le début de Mlle Lemaure à l'Opéra. C'est là une des nombreuses erreurs qu'ils ont commises sur son compte et qu'il serait trop long de relever une à une. Ici, ils retardent de trois ans, ailleurs ils avancent d'autant; c'est un enchevêtrement d'inexactitudes et d'erreurs dans lesquelles l'un se trompe en voulant corriger l'autre, et *vice versâ*. Il est, d'ailleurs, très-difficile de suivre les allées et venues d'une chanteuse qui ne faisait que quitter l'Opéra et y rentrer : on ne parvient à démêler la vérité qu'en suivant mois par mois le *Mercure*, dont les indications sont d'une précision extrême, à une date, à un jour près.

2. *Pyrame et Thisbé*, tragédie lyrique de Laserre, de Rebel et Francœur, avait été jouée pour la première fois deux mois auparavant, le 17 octobre 1726, avec Mlle Pellissier dans le rôle de Thisbé, Mlle Antier (Zoraïde), Mlles Éremans et Mignier; avec Muraire (Ninus), Thévenard (Pyrame) et Chassé (Zoroastre). Jamais Mlle Éremans ne joua le rôle principal entre Mlle Pellissier et Mlle Lemaure;

deux ans. Elle ne chantait plus qu'au Concert spirituel : « Les spectacles sont cessés, écrit Mlle Aïssé à la fin de 1727, et les concerts spirituels sont fort courus. La Antier et la Lemaure y chantent à enlever. » Mlle Aïssé était au nombre des admiratrices ferventes de Mlle Lemaure qui ne cherchaient qu'à rabaisser la Pellissier pour hâter le retour de leur idole. « Pour la Pellissier, écrit-elle le 13 août 1728, elle fait horriblement mal dans les opéras. Francine a quitté, et Destouches, comme je vous l'ai mandé, aura la direction de l'Opéra. Nous reverrons alors la Lemaure... » Et encore, en octobre de la même année : « La Pélissier diminue de vogue imperceptiblement ; on commence à regretter la Lemaure, qui attend qu'on la prie de revenir. Destouches et elle se tiennent sur la réserve ; mais ils meurent d'envie tous deux d'être bien ensemble... »

Mlle Lemaure revint pourtant à ses premières amours et rentra par le rôle d'Hésione dans le célèbre opéra de Danchet et Campra, lors de la reprise solennelle qui en fut faite en 1729 [1]. Cette fois, elle fournit sans désemparer une assez longue carrière et créa à la file plusieurs rôles importants, d'abord dans le ballet-pastiche en cinq entrées, le Parnasse, arrangé par l'abbé Pellegrin et Colin de Blamont à l'occasion de la naissance du Dauphin et qui fut représenté à Versailles le 5 octobre 1729, avant de l'être à Paris ; puis le personnage principal dans le Caprice d'Erato, divertissement de Fuzelier et Colin de Blamont (8 octobre 1730), composé également pour fêter la naissance de l'héritier royal et qui fut ajouté à la fin de l'opéra d'Alcyone, dont on avait supprimé le prologue. Mlle Lemaure représenta ensuite d'original Iphise dans le bel opéra de Jephté, de Pellegrin et Montéclair, qui devait révéler à Rameau son génie dramatique et lui inspirer l'ardent désir d'écrire, lui aussi, pour la scène lyrique ; elle

---

donc, l'anecdote racontée par Castil-Blaze est fausse. D'après lui, Laserre, trouvant que Mlle Éremans ne faisait pas bien valoir ses vers, aurait demandé au directeur de la remplacer par Mlle Lemaure, dont l'articulation excellente ne laissait perdre aucun mot. A quoi Francine aurait répondu : « Vous n'y pensez pas, ce serait le plus mauvais service que je pourrais vous rendre. » C'est bien le cas de retourner le proverbe italien : È ben trovato, ma non è vero.

1. Le Mercure en fait foi : la reprise d'Hésione et la rentrée de Mlle Lemaure sont de 1729, et non de 1730, comme ont dit par erreur tous les biographes, égarés sans doute par cette note du Calendrier historique des théâtres pour 1752 : « Lors d'une reprise de l'opéra d'Hésione, cette excellente actrice, qui avait quitté le théâtre au mois d'août 1727, y rentra pour jouer le rôle de cet opéra en 1730. Elle joua encore pendant cinq ou six ans au grand contentement du public, qui la vit avec peine se retirer une seconde fois dans le plus fort de son succès. »

parut également dans le ballet des *Sens*, de Roy et Mouret, dans *l'Empire de l'Amour*, ballet héroïque de Paradis de Moncrif et du chevalier de Brassac, ce militaire-musicien que les mauvais plaisants appelaient le chevalier Casbras; enfin, elle créa le rôle de Déidamie dans la malheureuse tragédie de Danchet et Campra, *Achille et Déidamie*, qui fut donnée le 24 février 1735 et qui ne put aller au delà de huit représentations.

Chaque rôle nouveau était pour Mlle Lemaure l'occasion d'un nouveau triomphe et l'affermissait dans la faveur du public. Tous les contemporains, même ceux qui attaquent en elle la femme, sont d'accord pour reconnaître le talent de l'artiste, sa voix si expressive et surtout sa puissance dramatique par laquelle l'auditoire était soumis et entraîné. « Jamais la nature n'a accordé un plus bel organe, de plus belles cadences (trilles), et une manière de chanter plus imposante, écrit de la Borde dans son *Essai sur la musique*. Mlle Lemaure, petite et mal faite, avait une noblesse incroyable sur le théâtre, elle se pénétrait tellement de ce qu'elle devait dire, qu'elle arrachait des larmes aux spectateurs les plus froids ; elle les animait et les transportait ; et quoiqu'elle ne fût ni jolie ni spirituelle, elle produisait les impressions les plus vives. » Il faut croire à la réalité d'un talent qui produit de tels effets sur toute une nation et qui mérite de pareils éloges de la part d'un homme qui n'était point étranger à la musique. Sans doute, comme fait observer Fétis, l'art du chant était alors ignoré en France; mais une belle voix et surtout un accent pathétique dans l'organe sont les qualités essentielles pour émouvoir dans tous les temps, quels que soient d'ailleurs les défauts de la vocalisation.

Au surplus, c'est là tout ce qu'il est possible de savoir, à plus d'un siècle de distance, sur le talent de Mlle Lemaure, même sans oublier les vers amphigouriques de Dorat, dans son poëme de la *Déclamation théâtrale :*

> La célèbre Lemaure, honneur de notre scène,
> Asservissoit Euterpe aux lois de Melpomène.
> Elle phrasoit son chant sans jamais le charger :
> Ce qui languissoit trop, elle osoit l'abréger.
> Ce long récitatif, où l'auditeur sommeille,
> Fixoit alors l'esprit en caressant l'oreille.

Des vers c'était bien, mais de l'argent c'était mieux, et le métier de chanteuse avait alors de magnifiques aubaines — en dehors même des profits galants. Mlle Lemaure en eut plus d'une fois, et notamment lorsque le célèbre banquier Samuel Bernard lui envoya mille livres en remerciment de ce qu'elle avait bien voulu reprendre le rôle de Délie dans *les Fêtes grecques et romaines*, le beau soir d'été où sa propre fille, nouvellement mariée et devenue duchesse de Mirepoix, avait fait son entrée officielle dans le monde en paraissant à l'Opéra, comme c'était l'étiquette alors pour les demoiselles de haute noblesse [1].

Mlle Marie Antier, la glorieuse héritière de Marthe Le Rochois, occupant alors sans conteste la première place à l'Opéra, Mlle Lemaure, si grand que fût son talent, ne pouvait venir qu'au second rang, mais elle avait encore une rivale dangereuse dans cette demoiselle Pellissier, sa cadette de quelques années et nouvelle venue à l'Opéra, jeune personne remarquablement jolie, licencieuse à proportion, qui faisait tourner toutes les têtes par ses mines provocantes, et qui brillait dans les airs tendres et gracieux autant que Mlle Lemaure dans les mouvements pathétiques et passionnés. Une rivalité artistique s'était aussitôt établie entre les deux chanteuses, rivalité qui sembla devoir ramener les plus beaux jours de l'héroïque querelle des Lullistes et des Ramistes : tous les amateurs se divisèrent en deux camps et qui n'était pas pour l'une devait être pour l'autre, sous peine de n'être plus du bel air. Les Mauriens et les Pélissiens — ainsi s'appelaient les deux partis — se faisaient une guerre ardente et qui dégénérait parfois en épisodes burlesques. Chaque faction avait sa place bien distincte au parterr ed el'Opéra ; dès qu'une des rivales entrait en scène, le parti opposé faisait immédiatement volte-face et regardait l'amphithéâtre tant qu'elle chantait : ses fidèles, au contraire, l'applaudissaient à tout rompre. Cette manœuvre bizarre, se répétant plusieurs fois par soirée, amusait au possible la partie calme et impartiale du public qui attendait le moment critique avec impatience et qui, du reste, applaudissait également les deux chanteuses sans montrer le *dos* à aucune [2].

1. *Journal de la Cour et de Paris* (août 1733) publié à la *Revue rétrospective*, 2e série, vol. 5 à 7. — « La coutume à Paris, dans le grand monde, obligeait presque une jeune femme à ne pas laisser passer la semaine de son mariage sans se montrer à l'Opéra avec tous ses diamants. Il y avait même un jour choisi pour y paraître, le vendredi, et une loge spéciale affectée aux mariés titrés et de condition, la première loge du côté de la reine. » *La Femme au dix-huitième siècle*, par MM. de Goncourt (p. 27), et *Journal historique* de Barbier (t. III).

2. D'Hannetaire, *Observations sur l'art du comédien*, p. 419 (édition de 1776). D'Hannetaire est amené à rappeler ces querelles artistiques qui dataient déjà pour

Cette rivalité datait du premier jour, et Mlle Aïssé, qui tenait pour la Lemaure, donne dans ses lettres de curieux détails sur cette lutte publique d'influence et de talent. « Il y a une nouvelle actrice, nommée Pellissier, écrit-elle en novembre 1726, qui partage l'approbation du public avec la Lemaure : pour moi, je suis pour la Lemaure ; sa voix, son jeu, me plaisent plus que celui de Mlle Pellissier. Cette dernière a la voix très-petite, et elle l'a toujours forcée sur le théâtre ; elle est très-bonne pantomime, tous ses gestes sont justes et nobles ; mais elle en a tant que Mlle Antier paroît tout d'une pièce auprès d'elle. Il me semble que, dans le rôle d'amoureuse, quelque violente que soit la situation, la modestie et la retenue sont choses nécessaires ; toute passion doit être dans les inflexions de la voix et dans les accens. Il faut laisser aux hommes et aux magiciens les gestes violens et hors de mesure ; une jeune princesse doit être plus modeste. Voilà mes réflexions. En êtes-vous contente ? Le public rend justice à Mlle Lemaure ; et quand on l'a revue sur le théâtre, elle parut premièrement à l'amphithéâtre, tout le parterre se retourna et battit des mains pendant un quart d'heure. Elle reçut ces applaudissements avec une grande joie, et fit des révérences pour remercier le parterre. Mme la duchesse de Duras, qui protége la Pellissier, étoit furieuse, et me fit signe que c'étoit moi et Mme de Parabère qui avions payé des gens pour battre des mains. Le lendemain, la même chose arriva, et Mlle Pellissier en pensa crever de dépit. »

Mlle Aïssé revient sur ce sujet qui lui tient au cœur dans la lettre du 6-10 janvier 1727 : « Les partis sur Mlle Lemaure et Mlle Pellissier deviennent tous les jours plus vifs. L'émulation entre ces deux actrices est extrême, et a rendu la Lemaure très-bonne actrice. Il y a des disputes dans le parterre, si vives que l'on a vu le moment où l'on en viendroit à tirer l'épée. Elles se haïssent toutes deux comme des crapauds, et les propos de l'une et de l'autre sont charmans. Mlle Pellissier est très-impertinente et très-étourdie. L'autre jour, à l'hôtel de

---

lui de trente à quarante ans, afin de démontrer l'inconstance et l'ingratitude du public qui, pour porter au pinacle dès le début une jeune fille comme Mlle Raucourt, renverse son idole de la veille, Mlle Sainval, et va jusqu'à l'interrompre en scène par des cris, jusqu'à lui arracher des larmes de douleur. Dans un autre endroit de son livre (p. 178), d'Hannetaire cite Mlle Lemaure comme « un exemple éclatant de ces machines bien organisées, dont un habile homme sait connaître tous les fils et ressorts et les fait mouvoir à son gré » ; mais il se demande, en retour, « si de telles machines bien dirigées ne seraient pas préférables à ces acteurs indociles qui ne veulent avoir pour guide qu'un sot orgueil ou un ridicule entêtement. »

Bouillon, à table, devant des personnes très-suspectes, elle a dit que M. Pellissier, son cher mari, pouvait compter d'être le seul, à Paris, qui ne fût pas cocu. Pour la Lemaure, elle est bête comme un pot ; mais elle a la plus belle et la plus surprenante voix qu'il y ait dans le monde ; elle a beaucoup d'entrailles, et la Pellissier beaucoup d'art. On fit l'anagramme du nom de cette dernière, qui est *Pilleresse*... » Et trois ans plus tard : « On joue à l'Opéra *Callirhoë*, qui ne réussit pas, quoique cet opéra soit intéressant et joli ; mais le grand air, à présent, est de n'aller que le vendredi à l'Opéra ; et d'ailleurs tout est esprit de parti, les partisans de la Lemaure sont en plus grand nombre à présent que ceux de la Pellissier. M. d'Argental est amoureux de cette dernière ; il est aimé, et il s'en cache beaucoup. Il croit que je l'ignore, et je n'ai garde de lui en parler. Elle en est folle : elle est tout aussi impertinente que la Lecouvreur ; mais elle est sotte, et ne lui fera pas faire de folie. C'est un furieux ridicule à un homme sage et en charge d'être toujours attaché à une comédienne. Tous les partisans de la Lemaure trouvent la Pellissier outrée et peu naturelle. Ils disent que c'est M. d'Argental et ses amis qui la gâtent. Cela m'afflige... [1] »

Au résumé, un vers, un seul vers, que Durey de Noinville, c'est-à-dire Travenol, et Castil-Blaze après lui, attribuent à Voltaire, caractérise assez bien les avantages, les moyens de plaire propres aux deux chanteuses et la supériorité respective de l'une sur l'autre :

    Pellissier par son art, Lemaure par sa voix.

Mlle Lemaure était fidèle à l'Opéra depuis bientôt six ans : c'était beaucoup, c'était trop pour elle. Un coup de tête imprévu l'en fit bientôt sortir. C'était au commencement de mars 1735 ; la reprise solennelle de l'opéra de *Jephté* était fixée au 10, et Mlle Lemaure devait naturellement tenir le rôle d'Iphise, qu'elle avait créé avec tant d'éclat. La première représentation de la grande tragédie lyrique de l'abbé Pellegrin et Montéclair remontait déjà à trois ans : elle avait été donnée en 1732 : le jeudi 20 février, disent les frères Parfaict ; le vendredi 28, d'après l'indication du livret. Les principaux interprètes étaient, outre Mlle Lemaure, Mlles Antier et Petitpas (Almasie et Elise) ; Chassé, Tribou et Dun, qui représentaient Jephté, Ammon et un grand-prêtre ; enfin, le ballet était dansé par Laval et Dumoulin, par Mlles Camargo

1. Lettre de Mlle Aïssé, de décembre 1730.

et Sallé. Tel avait été le succès de ce bel opéra qu'il avait régulièrement reparu chaque année depuis son apparition, et que cette fois encore les amateurs en attendaient la reprise avec impatience.

Cette soirée du 10 mars 1733 marchait à merveille, et la représentation paraissait devoir se terminer sans encombre, lorsque l'idée folle passa par la tête de Mlle Lemaure de planter là acteurs et spectateurs, et d'aller souper en ville. Sitôt imaginé, sitôt fait : elle sort brusquement de scène. Grand émoi sur le théâtre, grand tumulte dans la salle. M. de Maurepas, ministre de la maison du roi et maître souverain de tous les sujets d'Opéra, intime à la virtuose l'ordre de reparaître en scène. Elle refuse. Le ministre signe aussitôt une lettre de cachet et la fait conduire sur l'heure au For-l'Évêque ; mais cette grave humiliation se transforme pour la rebelle en un triomphe inespéré : l'intendant de la généralité de Paris, Louis-Achille de Harlay, chez qui devait souper la cantatrice, vient lui offrir galamment la main et l'accompagne en grande cérémonie jusqu'à la prison. Cette sévérité était uniquement pour la forme, et la réclusion de la chanteuse ne dura guère plus d'un quart d'heure. Rendue aussitôt à la liberté sur la demande de son directeur, elle fut invitée à reprendre son rôle le soir même ; mais la jeune femme avait la tête montée : elle refusa tout net et jura bien de ne jamais rentrer au théâtre.

Cette aventure incroyable causa un scandale indescriptible dans tout Paris. Les feuilles publiques n'en soufflèrent mot cependant, pour ménager l'amour-propre du ministre, et le *Mercure* passe rapidement sur la reprise de *Jephté* en disant que « cette tragédie fut revue avec plaisir » ; mais ceux qui n'écrivaient que pour leurs amis n'avaient pas tant de précautions à prendre, et Barbier ne se fait pas faute de raconter la scène, en insistant même sur la maladresse du ministre et sur sa trop grande précipitation à user de la prison.

« A l'Opéra, Mlle Lemaure, première actrice et une des plus belles voix qu'on ait jamais entendues, soit qu'elle se soit trouvée mal effectivement, soit qu'elle eût autre chose à faire, a quitté son rôle au milieu du spectacle un jour de représentation. M. le comte de Maurepas, qui y était ce jour-là, a donné sur-le-champ une lettre de cachet, et on a conduit Mlle Lemaure au For-Lévêque. (Comme secrétaire d'État de Paris, il a l'inspection de l'Opéra.) Quelques-uns ont dit que c'étoit bien fait pour réprimer l'impertinence des acteurs ; le plus grand nombre a pensé que cela étoit trop dur. Elle est sortie le lendemain de prison, mais non sans rancune, tellement qu'elle a quitté l'Opéra. C'est une grande perte. La règle est que les actrices ne peuvent quitter qu'en avertissant six mois auparavant, pour que l'on puisse remplacer les sujets. Elle a eu recours à M. le duc d'Orléans, fort ennemi des spectacles profanes. Il lui a offert une pension, qu'elle a refusée ; et, malgré les règles et le crédit de M. le comte de Maurepas et de M. le prince de Carignan, directeur en chef de l'Opéra, elle s'est retirée dans un couvent [1], sous la protection de M. le duc d'Orléans. »

Allusion est faite à cette retraite volontaire, et allusion bien flatteuse pour l'actrice, dans trois articles de l'opuscule satirique et facétieux, la *Constitution de l'Opéra :*

xxiv. — Trop de mérite nuit : on n'efface pas les autres impunément.
xxv. — La loi de l'ostracisme s'est renouvelée de nos jours à l'Opéra (contre la divine Lemaure).
xxvi. — C'est souvent le membre le plus sain qu'on retranche comme un membre gangrené capable de gâter les autres [2].

Mlle Lemaure touchait à sa trente-deuxième année et était dans toute la vigueur de son talent lorsqu'elle décida de ne plus chanter pour faire pièce au ministre et se venger de la punition dégradante qu'il lui avait infligée. Elle gagnait alors 3,000 liv. de traitement fixe, 1,000 liv. de gratification annuelle, 400 liv. de cadeau variable à Pâques et 100 liv. de pain, vin et chaussures, soit en tout 4,500 livres [3]. Le tour qu'elle voulait jouer à ses directeurs était bien imaginé, car l'administration de l'Opéra venait précisément d'expulser Mlle Pellissier, dont les débordements causaient un scandale perpétuel, et si Mlle Lemaure partait à son tour, c'était Mlle Éremans qui devait les remplacer toutes deux, car Mlle Antier tenait déjà trop de rôles, et des rôles trop définis pour se charger d'autres. Or, Mlle Éremans se distinguait assez au second rang et remplaçait à l'occasion son chef d'emploi ; mais le public savait que Mlle Lemaure n'était pas loin, sans quoi il n'aurait jamais

---

1. Au couvent du Précieux-Sang.

2 *La Constitution de l'Opéra*, à Amsterdam, 1737. Cet opuscule, attribué à Chevrier, fut textuellement réimprimé en 1754 par un libraire industrieux, sous le titre allongé de *Constitution du patriarche de l'Opéra*. Cette facétie se termine ainsi :

Donné à Cythéropolis, en notre siége patriarchal, 1er novembre, l'an de grâce 1736 et de notre Patriarchat le 3me. Signé PANCRACE. Et plus bas, MARIETTE, *directrice de l'Opéra.*

3. *Détail de la régie actuelle de l'Académie royale de musique avec un dénombrement de tout ce qui fait la recette et la dépense de ce spectacle en 1738.* Ce manus-

permis à cette « suppléante » de prendre définitivement les premiers rôles et de prétendre remplacer ses deux chanteuses préférées. La situation était critique, et il en fallait sortir au plus vite. L'administration n'hésita pas, et entre deux humiliations, elle choisit la moindre en rappelant celle des deux chanteuses dont le temps avait un peu atténué les torts. Seule, Mlle Lemaure avait pu consoler le public de l'exil de la Pellissier; seule, Mlle Pellissier devait faire oublier l'orgueilleuse Lemaure. On expédia un courrier à Londres, qui négocia le retour de Mlle Pellissier. Elle revint, en effet, triomphante, chargée d'or et de diamants conquis sur les Anglais, et reparut à l'Opéra dans *Omphale* avec un succès étourdissant. Une chanteuse de perdue, une de retrouvée, et le public prouvait encore une fois de plus son inconstance en sacrifiant sa favorite de la veille à cette nouvelle idole[1]. Mais il voulut excuser sa mobilité par un méchant bon mot : « Vraiment, faisait-on, les tablettes du For-l'Evêque sont excellentes pour le rhume : mademoiselle Lemaure, depuis qu'elle en a usé, chante mieux que jamais[2]. »

II

Au moment même où le départ de Mlle Lemaure et sa résistance victorieuse aux ordres de ses supérieurs directs mettaient en émoi toute la ville et toute la cour, un scandale bien autrement grave s'élevait dans le monde politique et religieux, scandale que Barbier raconte avec une finesse charmante :

« Autre histoire pour l'Église. M. de Ségur, évêque de Saint-Papoul, homme de trente-cinq ans, a donné un mandement auquel on ne s'attendoit pas. Il avoit toujours été constitutionnaire et du parti de la cour. Il fait une amende honorable dans son diocèse; il déclare que

---

crit, qui appartenait à Fétis et qui doit être aujourd'hui à la bibliothèque de Bruxelles (les archives de l'Opéra n'en possèdent qu'une copie), contenait en outre plusieurs renseignements rétrospectifs, parmi lesquels les appointements et gratifications de Mlle Lemaure pour 1735.

1. « Le 19 (avril 1735), dit le *Mercure*, l'Académie royale de musique fit l'ouverture de son théâtre par la reprise d'*Omphale*. La D[lle] Pellissier, qui n'avait pas paru depuis plus d'une année et qu'on souhaitoit revoir, y joua le principal rôle avec beaucoup d'applaudissements. »

2. *Nouvelles à la main*, de 1733 à 1739, manusc. à la Bibliothèque nationale S. F. 1840.

l'ambition d'être évêque lui a fait accepter la Constitution *Unigenitus*, quoique très-mauvaise en soi ; que sa conscience le lui a toujours reproché ; qu'il a conduit ses brebis dans la mauvaise voie ; qu'il en demande pardon à Dieu et à son peuple, et que, pour faire pénitence de son crime, il a pris le parti de se retirer. Et, en effet, il a envoyé au roi la démission de son évêché, qui est de vingt-cinq mille livres de rente, pour vivre dans l'obscurité le reste de ses jours, avec le revenu d'une petite abbaye [1].

« Cet événement a fait grand bruit chez les jansénistes. On a regardé cela comme un miracle. On disoit déjà que si cet exemple pouvoit être suivi de quatre ou cinq évêques, cela abattroit la cour de Rome et la Constitution *Unigenitus* [2]. Mais cela n'arrivera pas fréquemment. Il est certain, néanmoins, qu'un pareil sacrifice a séduit les esprits, et, en effet, cela a quelque chose de séduisant ; mais, dans le fond, ce M. de Ségur a été dans les mousquetaires et dans les gardes françoises ; cela ne fait rien ; il avoit été fait évêque sans grande connaissance du sujet, comme cela se pratique ordinairement. Quelque janséniste adroit aura su profiter d'un esprit médiocre, susceptible d'impression, pour lui faire faire cette sottise, laquelle ne décide beaucoup de ce que l'on pense dans le ciel sur les disputes présentes.

« Le roi a reçu sa démission ; il a nommé à son évêché [3] ; il a trouvé gens habiles à succéder, et on a laissé aller M. de Ségur. Cela a seulement fort intrigué son frère, qui est colonel, et qui a craint que la démarche de son frère ne lui fasse tort. »

Un évêque désertant l'Église, une chanteuse désertant l'Opéra, la coïncidence était vraiment piquante et devait exciter la verve des railleurs, en ce temps où l'on aimait tant à badiner, où l'esprit était toujours en éveil pour trouver matière à rire. Deux démissions aussi dissemblables à quelques jours de distance, c'était trop d'une, et celle-

---

1. L'abbaye de Vermand, dans le diocèse de Noyon.

2. Il me paraît inutile d'insister sur cette question religieuse. Tout au plus faut-il rappeler que la bulle ou constitution *Unigenitus*, qui devait provoquer de si longs troubles en France, avait été rendue en 1713 par le pape Clément XI sur la demande des évêques de France et pour condamner les propositions extraites d'un livre du P. Quesnel, prêtre de l'Oratoire et janséniste.

3. Jean-Charles de Ségur avait occupé l'évêché de Saint-Papoul du 24 août 1724 au 26 février 1735. Son successeur fut Georges-Lazare Berger de Charency, qui resta à Saint-Papoul depuis le 25 septembre 1735 jusqu'en 1738. La ville de Saint-Papoul, située dans le Languedoc, à deux lieues de Castelnaudary, eut le titre d'évêché de 1317 à 1789.

ci devait nécessairement jeter le ridicule sur celle-là. M. de Ségur, il est vrai, avait publié un mandement, tandis que Mlle Lemaure n'avait rien publié du tout; mais cette légère différence fut bientôt remplie par de beaux esprits anonymes qui lancèrent, sous le nom de la chanteuse, une parodie complète de la lettre épiscopale. Celle-ci était intitulée : *Mandement de Monseigneur l'évêque de Saint-Papoul, pour faire part à son peuple de ses sentiments sur les affaires présentes de l'Église et des raisons qui le déterminent à se démettre de son évêché.* La parodie prit un titre exactement pareil.

MANIFESTE DE MADEMOISELLE LEMAURE

Pour faire part au public de ses sentiments sur l'Opéra et des raisons qu'elle a pour vouloir le quitter.

Madeleine Lemaure, par le choix de Francine et de l'aveu du Public, seconde actrice de l'Opéra, à tous les partisans, tant séculiers que réguliers de caffez, ruelles et spectacles, et à tous les fidèles de nos coulisses, salut et bénédiction à Bacchus et à Vénus.

Un grand scandale, M. T. C. F., vient d'éclater sur la scène et met l'honneur du théâtre à une nouvelle épreuve.

C'est une nécessité, dit un jour d'Argenson à Trenelle, qu'il arrive des scandales. Mais malheur à celle par qui le scandale arrive ; malheur encore à celle qui le reçoit; malheur à celle qui l'autorise par son silence. Vous concevez sans peine quel est l'objet de nos larmes ; c'est l'emprisonnement injurieux et tortionnaire fait de notre personne ès prisons du For-l'Évêque, insulte digne en même temps de compassion et d'horreur, dans laquelle l'on voit un vil administrateur séduit et fasciné par le parti qui l'obsède, se déclarer lui-même imprudent et brutal, et n'en être que plus coupable, parce qu'au lieu de se repentir d'avoir la concupiscence dans le cœur, il se repent au contraire d'avoir là une prétendue politesse dans la bouche et de l'avoir fait goûter à ceux qu'il gouverne.

Vous remarquez, M. T. C. F., la bizarre conduite qu'a tenue à son égard l'ennemi de notre fortune; il ne se contente pas de l'avoir fait membre d'une compagnie opposée aux principes de la virginité, il l'obstine à y rester par des vues ambitieuses. Cette passion est-elle satisfaite, il lui en inspire du dégoût; il l'oblige ensuite à être l'instrument de son propre déshonneur, en sévissant contre une actrice qui, sans prévention, avait l'applaudissement unanime du parterre et des loges; il se détermine à la mercurialiser jusque sous vos yeux, à l'emprisonner, à se faire ainsi justice et à exciter contre soi l'indignation publique par les aveux les plus étranges, et à la faire reconduire dans les ténèbres de la prison, d'où il ne l'avoit laissée sortir que pour en faire son jouet d'une manière également singulière et terrible, en la forçant de chanter malgré elle.

C'est ainsi que cet esprit de vengeance et d'orgueil conduit à sa perte ce directeur infortuné, tandis que, par toutes sortes d'infamies, il exerce ailleurs sa qualité d'esprit impur sur les fanatiques adulateurs de la fausse vertu de nos actrices.

Applaudissons, M. T. C. F., les desseins de Momus qui ne permet toutes ces abominations que pour faire voir à l'univers de quoi l'on est capable quand on s'est une fois révolté contre la licence du théâtre.

C'est sans doute un avantage pour l'Opéra que M. Thuret[1] se soit ainsi dévoilé lui-même; un ennemi caché eût pu faire au théâtre de plus dangereuses blessures; en se démettant de sa gravité, il épargne aux acteurs de sévir contre lui, peut-être ne va-t-il dans les coulisses que pour y couronner son malheur.

Au reste, M. T. C. F., ne croyez pas que l'honneur invulnérable des actrices soit obscurci par une démarche aussi odieuse; leur réputation est indépendante des qualitez personnelles de ceux auxquels il est confié.

Chaque administrateur en particulier n'est à l'abry de la calotte qu'autant qu'il se trouve uni au chef de l'Opéra et au corps des premiers directeurs.

Combien trouve-t-on de boutades n'ayant pas eu de partisans parmi ceux mêmes que leur caractère obligeoit de les combattre; les acteurs ne doivent donc écouter leur directeur et lui obéir que quand il est lui-même soumis aux décisions infaillibles de leur respectable assemblée.

Que d'excès encore, M. T. C. F., ne contient pas l'insulte dont nous parlons! On y justifie un refus d'exécuter purement et simplement la partie de débauche qui ne nous permit de nous rendre à notre loge que sur les cinq heures et demie du soir ou environ. L'on comble d'éloges l'assiduité de celles que le petit nombre de partisans réduit à la dure nécessité de supporter avec respect le frein que le caprice d'un directeur avide, ou la brutalité d'un financier amoureux impose à leurs plaisirs. L'on voudrait aussi nous assujettir, comme la moindre actrice, à nous rendre, sous peine d'amende, à notre loge au moins une heure avant de paroître, ce qui est contraire à notre usage ordinaire, et diamétralement opposé à notre génie hautain et indépendant. C'est pourquoi, sans nous repentir des plaisirs que nous avons pu vous procurer par le passé, désirant par la suite être entièrement maîtresse de disposer à notre tête de notre personne et voix, nous renouvelons l'appel par nous cy-devant interjeté au parterre avec Mlle de Seine, des emprisonnements injurieux, tortionnaires et déraisonnables faits de nos personnes, ès prisons du For-l'Évêque et maison de force de l'Hôpital Général. Nous, déclarant que, sans nous arrester ni avoir aucunement égard à la prétendue loi des six mois dont nous nous croyons bien et valablement dispensée par

---

1. Louis-Armand-Eugène de Thuret, ancien capitaine au régiment de Picardie, fut directeur en titre de l'Opéra pendant onze ans, de 1733 à 1744. Le gouvernement suprême de l'Académie de musique appartenait, depuis le 1er avril 1730, à un grand seigneur taré, presque un escroc, le prince de Carignan, qui avait le titre d'inspecteur général. Lui-même était gouverné par sa maîtresse, Mlle Mariette, qui chanta d'abord à l'Opéra avant d'y danser sans plus de succès, qui faisait la pluie et le beau temps au théâtre, et qu'on désignait ordinairement sous le sobriquet de *Princesse*.

la singularité du cas où nous sommes, pour éviter autant qu'il est en nous de retourner au For-l'Évêque pour semblable sujet, renonçant à tous les produits du théâtre, nous quittons de ce jour pour jamais l'Opéra, sous néanmoins la protestation de continuer à vous prodiguer en particulier les plaisirs que nous avons pu vous donner en public, lequel aveu nous ne faisons que pour vous assurer, M. T. C. F., que cette démarche n'est l'effet du repentir, de la vengeance, ni de la suggestion de personne, et que nous la faisons dans une pleine liberté, sans aucune espérance de retour ; exhortons même ceux qui, par leur autorité ou libéralité, voudroient nous y engager, de n'y point penser pour leur honneur et pour le nôtre.

Donné dans le Cabinet de nos parties secrettes, le cinquième jour d'après la lune de février.

Signé : LEMAURE.

Et plus bas : PAR MADEMOISELLE CATIN[1].

La mode était alors à ces sortes d'écrits satiriques, où la malignité publique, où l'esprit frondait tous les abus, tous les ridicules, tout ce qui venait du pouvoir. Précisément à la même époque, il s'éleva entre deux actrices de la Comédie-Française un conflit d'amour-propre qui fit éclore un libelle du même genre. Voici ce que Barbier écrivait à ce sujet, en mars 1735 : « Ce mois a fourni des nouvelles au sujet des spectacles. Mlle de Seine[2], fameuse comédienne et très-jolie, maîtresse de M. le marquis de Nesle, a eu une querelle avec Mlle de Balicourt[3], sa cousine, pour un rôle. Ce sont MM. les premiers gentilshommes de la chambre qui ont la police sur la Comédie[4] ; ils jugent ces différends, c'est-à-dire celui qui est en exercice, et, par conséquent, le comédien qui a le plus de crédit l'emporte. Ce qui fait, soit dit en passant, que le public est très-mal servi. Sur cette querelle, M. le duc de Gesvres a décidé en faveur de la Balicourt, quoique laide. Quinault-

---

1. Cette demoiselle Catin, qui avait créé le rôle de l'Amour dans le prologue de *Pirithoüs*, tenait l'emploi de coryphée à l'Opéra.

2. Marie-Dupré de Seine débuta à Fontainebleau, devant le roi, et fut reçue en 1724 à la Comédie-Française pour jouer les premiers rôles tragiques et comiques. Elle quitta la scène en 1736, à cause de sa mauvaise santé, et mourut dans la retraite en 1750.

3. Marguerite-Thérèse de Balicourt débuta aux Français en 1727, par le rôle de Cléopâtre dans *Rodogune*, et fut reçue la même année. Elle remplissait les rôles de reines et de mères et quitta le théâtre en 1738, avec une pension de 1,000 livres ; elle mourut en 1743.

4. Les ducs de Gesvres, de la Trémouille, d'Aumont et de Rochechouart-Mortemart.

Dufresne [1], comédien de mérite, a pris le parti de Mlle de Seine, sa femme. Il a été mis en prison. Sur cela, Mlle de Seine, piquée, a quitté la Comédie, s'est retirée avec le marquis de Nesle, piqué par contrecoup. Du marquis de Nesle au duc de Gesvres, il y a grande différence pour la maison. Il a fait écrire à Mlle de Seine une lettre au duc de Gesvres, qu'elle traite de *monsieur*. Cela a paru insultant; sur quoi il y a eu lettre de cachet pour mettre Mlle de Seine à l'Hôpital. Elle a été obligée de sortir du royaume ou de se bien cacher, et pendant son absence des plaisants se sont divertis. Il a paru une lettre, du 9 ce mois, datée de Flandre, sous le nom de Mlle de Seine à MM. de l'Académie françoise, attendu que les comédiens, comme gens d'esprit, ont été admis par voie d'association à MM. de l'Académie. Par cette lettre, elle justifie sa retraite, sa conduite. On y fait le détail de MM. de l'Académie françoise, ses confrères; et cette lettre est un petit libelle de critique contre MM. les premiers gentilshommes et MM. de l'Académie françoise, qui est l'histoire du temps. »

Cette pièce amusante fut imprimée sous le titre de : *Lettre de Mlle de Seine, comédienne ordinaire du Roi, à messieurs de l'Académie françoise, au sujet de la lettre de cachet décernée contre elle, sur la réquisition de messieurs les premiers gentilshommes de la Chambre*. Elle était d'abord fort rare, et cette rareté même décida Barbier à la joindre en copie à son manuscrit. Depuis, elle a été réimprimée en entier dans chaque édition du *Journal* de Barbier, ce qui ne lui enlève rien de son intérêt historique, mais beaucoup de sa curiosité. Le seul passage qui nous touche est celui où la comédienne compare son sort à celui de la chanteuse, non sans quelques bons coups de patte à l'adresse du duc de Gesvres et de son propre mari. «... Le même uniforme de l'hôpital (la Salpêtrière), dont j'aurais été revêtue, vous aurait couverts de honte. Ce n'est pas qu'avant de sortir de France je n'aie tenté toutes les voies de raccommodement. J'ai eu l'honneur d'écrire à M. le duc de Gesvres; j'aurais dû, il est vrai, aller le voir; je suis d'un sexe qui l'a toujours trouvé si flexible! A mon défaut, je lui ai député mon mari; mais, comme il a peu d'esprit, il ne put persuader ce seigneur de commuer ma peine en celle du For-l'Évêque. Il fut plus heureux pour lui-même,

---

[1]. Abraham-Alexis Quinault-Dufresne, né à Paris en 1695, mort en 1767, joua à la Comédie-Française de 1712 à 1741. Il avait débuté avec éclat, le 7 octobre 1712, par le rôle d'Oreste dans l'*Électre* de Crébillon; ce premier début promettait tout ce que devait tenir, durant sa brillante carrière, le digne successeur de Baron et de Ponteuil.

et j'ai appris depuis qu'un grave intendant avait presque conduit par la main, dans cette prison, une des plus belles voix de l'Europe... »

Le manifeste de Mlle Lemaure, qui parodiait le mandement de M de Saint-Papoul, obtenait le plus vif succès dans les ruelles et les salons, où on le colportait sous main; cependant, l'affaire en aurait pu rester là et s'éteindre d'elle-même si ce malheureux mandement n'avait provoqué tout à coup un nouvel incident politique. M. de Ségur avait eu l'honnêteté de louer dans ce mandement la consultation des avocats du Parlement de Paris à propos du concile d'Embrun. Ce compliment flatta vivement l'ordre, et, dès qu'il en eut connaissance, M. Prévost, ardent janséniste et hommes très-remuant, fit assembler une vingtaine d'avocats, dont le bâtonnier Froland, bonhomme s'il en fut, pour adresser une lettre de félicitations à M. de Saint-Papoul. Plus de la moitié des avocats convoqués ne furent pas d'avis d'écrire et se retirèrent; mais les huit autres, dont MM. Prévost, Froland, Le Roi, Pothuin, Blaru, rédigèrent la lettre suivante, qui fut signée par le bâtonnier au nom de tous les avocats :

« Monseigneur,

« Nous venons de lire, étant assemblés, votre mandement du
« 26 février 1735; nous avons cru ne pouvoir pas différer à vous
« remercier et à vous témoigner la grande part que le barreau du
« Parlement prend à la joie qui lui doit être commune avec toute
« l'Église; nous renouvelons en cette occasion le même zèle que vous
« approuvez par votre mandement, et nous sommes avec un profond
« respect, etc.

« FROLAND. »

Cette lettre ne se répandit pas plutôt dans le public qu'elle fut condamnée de toutes les personnes de bon sens; les avocats eux-mêmes, qui n'avaient pas été consultés et qui étaient censés avoir signé cette adresse rédigée par huit d'entre eux, se montraient fort irrités d'un pareil sans-gêne. Mais la lettre n'en avait pas moins paru au nom de l'ordre entier, et il était dès lors à craindre qu'elle ne dût être condamnée par arrêt du Conseil, car il était bien difficile de faire le silence autour du mandement de M. de Saint-Papoul. On pensa prévenir le mal par l'entremise des avocats généraux, et, sur leur réquisition, par arrêt du Parlement du 2 avril, cette lettre qui était déjà imprimée, fut supprimée comme faussement attribuée aux avocats, l'ordre l'ayant désavouée en déclarant n'y avoir aucune part. Le même jour, le Conseil rendit un arrêt qui supprimait le mandement, cause de tant de tapage, avec des qualifications assez dures pour le malheureux évêque : on lui faisait surtout un crime de parler en mauvais termes de la Constitution *Unigenitus*, qui devait être regardée comme article de foi, article auquel l'esprit railleur des Parisiens avait bien de la peine à ajouter foi. Il parut aussitôt plusieurs écrits pour ou contre le mandement, dont une critique assez vive de l'arrêt du Conseil, *Parodie de l'arrêt du Conseil du 2 avril 1735, qui supprime le mandement de M. de Saint-Papoul;* mais, pour éviter les suites de ces disputes sans fin, le roi évoqua à lui, par un second arrêt, la connaissance de toutes les contestations qui pourraient naître à ce sujet.

Les rieurs avaient la partie trop belle pour la laisser échapper, et, la discussion religieuse continuant, il fallait continuer la parodie en poursuivant la querelle artistique. Le mandement de l'évêque supprimé, le manifeste de la chanteuse devait l'être aussi, et il le fut sous bref délai par jugement de Momus. Autant le manifeste de la chanteuse parodiait bien le style onctueux du pasteur prêchant ses ouailles, autant l'arrêt de Momus tourna en ridicule les arrêts de la justice en exagérant encore ces formes embrouillées, ces considérants si lourds.

ARRÊT DE MOMUS

qui ordonne la suppression d'un écrit qui a pour titre

MANIFESTE DE Mlle LEMAURE

MOMUS, s'étant fait représenter une nouvelle qui se répand depuis quelques jours au Palais-Royal, dans les caffés et autres lieux de sa dépendance, sur la démission de Mlle Lemaure, SA DIVINITÉ auroit voulu d'abord douter de la vérité d'une action aussi extravagante pour cette fille et si affligeante pour l'Opéra ; mais après l'aveu qu'elle en a fait en lui envoyant la démission de sa place, SA DIVINITÉ ne peut plus s'empêcher de reconnaître que cette action est l'ouvrage d'une fille malheureusement trompée par les esprits artificieux, qui ont abusé de sa confiance pour lui faire abandonner ce qui avait été jugé jusqu'alors le plus cher objet de ses désirs ; que ceux qui l'enlèvent ainsi au public ne le font que pour relever, s'il était possible, les faibles espérances d'une rivale trop jalouse de ses succès.

Ils ont cru ne pouvoir faire excuser une variation si surprenante dans une fille de théâtre qu'en l'engageant à faire elle-même une peinture odieuse de son entrée à l'Opéra ; ils lui font avouer que le libertinage seul et le sacrifice de sa conscience à sa fortune lui ont ouvert les portes du profane sanctuaire ; que, ne pouvant étouffer entièrement ses remords, elle a cherché à les colorer en faisant enrager les directeurs du théâtre, et croyant s'affermir dans une place qu'elle appelle pernicieuse, à mesure qu'elle prévariquoit et attiroit par son mauvais exemple des prévaricateurs ; qu'à la vérité elle prétend expier une conduite si digne de son caractère par le repentir qu'elle en témoigne, mais que la confession qu'elle en fait se termine à mettre au nombre des plus grandes fautes sa soumission à l'ordre qu'on lui donna de chanter au sortir de prison ; que, pendant qu'elle se prête ainsi à la séduction de ceux qui la conduisent, elle se défie tellement de sa faiblesse et de son inconstance que, pour prévenir un retour qu'elle ne peut s'empêcher de craindre, elle prend la précaution singulière de renoncer à toute espérance de pouvoir jamais monter sur la scène, au cas qu'elle vînt à se repentir d'en être descendue ; que telle est l'idée que donne d'elle-même une fille qui ne se reconnaît coupable que pour accuser le chef et les directeurs de n'avoir pas suivi les loix de l'équité en l'envoyant au Fort-l'Évêque ; qu'elle se croit elle-même au-dessus des lois du Public et de l'Opéra, l'union de ces deux puissances qui ont concouru à établir la nécessité de la règle des six mois, ne l'a pas empêchée de rechercher la protection de quelques théologiens pour en éluder la disposition ; elle ne respecte pas davantage l'autorité qui avait ordonné que les appels au parterre seraient regardés comme de nul effet et punis comme séditieux, avec défense d'en renouveler à l'avenir ; c'est dans cet esprit qu'après avoir employé les tours les plus captieux pour décrier les directeurs de l'Opéra, qui, par déférence pour sa voix, n'ont que trop encensé ses caprices, elle consomme sa révolte en déclarant qu'elle se retire et se repent de tous les plaisirs qu'elle a faits au public ; qu'elle adhère à l'appel qu'elle interjeta au parterre, à la première représentation de *Jephté*, ainsi que de l'emprisonnement tortionnaire et injurieux fait en conséquence et de toutes les autres démarches faites pour le soutenir, et comme un si grand scandale peut être d'autant plus dangereux que celle qui le donne est plus élevée en mérite et en talent, qu'on a cherché à le couvrir des apparences de sa vertu pour faire plus d'impression sur des esprits faibles et mal intentionnés, et que pareils exemples peuvent tirer à conséquence pour les autres spectacles, où l'on ne voit que l'esprit d'indépendance s'accroître de jour en jour par l'impunité ; SA DIVINITÉ manqueroit à ce qu'elle doit au public et à elle-même, si elle différoit plus longtemps de maintenir et de venger l'autorité de l'Opéra, la sienne et celle du Public, également offensée par un tel attentat.

A quoi étant nécessaire de pourvoir, SA DIVINITÉ, après avoir consulté les mânes du grand Lulli, a ordonné et ordonne que l'écrit qui a pour titre *Manifeste*, etc., sera et demeurera supprimé, comme également funeste au Public et à l'Opéra, contraire à ses intérêts et à ses plaisirs, attentatoire à son autorité, tendant à inspirer la révolte contre l'une et l'autre puissance et à troubler les plaisirs publics ; enjoint SA DIVINITÉ à Mlle Lemaure d'observer exactement la règle des six mois, dans l'espérance que dans cet intervalle elle viendra à résipiscence, sauf, après ce tems, à être envoyée, si elle persiste dans son erreur, en exil dans un séjour où il n'y aura ni hommes pour la servir, ni oreilles pour l'entendre, et, afin de détruire les mauvais effets que pourroit produire un pareil exemple dans les autres spectacles, défendons à tous acteurs et actrices, de quelque condition ou qualité qu'ils puissent être, de demander leur congé en quelque cas que ce soit, sous peine d'être pris au mot, sans aucune espérance de retour, ni de pouvoir nous appaiser par les excuses les plus humbles et les lettres le plus soumises [1].

Donné dans notre château de la Joye, le troisième qu'il vous plaira de la lune ; et le présent arrest sera scellé de notre sceau comique en cire gris de lin.

Et plus bas : CITRON.   *Signé :* MOMUS.

La farce était finie, si un homme très-brouillon et très-entreprenant dans les affaires de religion n'avait eu la maladresse de la ranimer. M. de la Fare, évêque de Laon, crut de son devoir de publier un petit mandement pour « prévenir son peuple sur le scandale que causoit dans l'Église le mandement de M. de Saint-Papoul. » Le pauvre évêque aurait mieux fait d'imiter la réserve des autres prélats, sans entretenir ses fidèles de cette querelle : il l'apprit bientôt à ses dépens. A nouveau mandement, il fallait nouvelle parodie : il y en eut deux pour une, qui partirent, comme les autres, du camp janséniste. La première qui ne nous intéresse pas, avait pour titre : *Arrêt de la Bazoche, qui ordonne que le mandement de M. l'évêque de Laon du 2 avril 1735 sera brûlé par la main d'un décrotteur, le premier qui sera rencontré au bas du grand escalier du Palais,* et portait la date du 22 avril 1735. Quant à la seconde, la voici :

LETTRE DE MADEMOISELLE LEMAURE

A

MONSEIGNEUR L'ÉVESQUE DE LAON

Pour le remercier de l'honneur qu'il a bien voulu faire à son manifeste du 3 de la lune de février 1735 de l'extraire fidellement dans le mandement qu'il a adressé aux fidèles de son diocèse, sous la datte du deux avril suivant.

L'ennemi commun du genre humain, Monseigneur, a découvert ma retraite, et sous le nom respectable de Votre Grandeur, il m'a tentée jusqu'à

---

[1]. Ce dernier trait vise directement l'évêque de Saint-Papoul, car il est ajouté en note : « M. de Ségur père a écrit plusieurs lettres aux ministres pour excuser son fils. »

me suggérer l'imprudente curiosité d'examiner votre mandement du deux avril dernier, dont la lecture m'a au moins autant surprise qu'édifiée !

Qui ne le seroit, en effet, Monseigneur, de voir le stile ignoré d'une vile actrice, d'une malheureuse pescheresse servir de modèle à un profond docteur, à un grave théologien, à un saint évêque qui semble se faire honneur d'adopter aux yeux de l'univers le premier enfant d'une plume brute que l'on sçait s'être publiquement abandonnée au caprice, à l'orgueil[1].

Il faut l'avouer ingénuement, Monseigneur, je ne m'étois pas même flatée qu'une pièce telle que le manifeste que j'ay donné au public dans le feu d'une colère bachique allumé du souffle de la calomnie et de la vengeance, pût être goûtée du moindre petit clerc, et j'ai appris avec étonnement que tout le monde la recherche, que tout le monde la veut, que tout le monde l'admire, qu'en moins d'un mois elle a souffert jusqu'à quatre différentes éditions sans tomber, et ce parce que, le saint nom de Dieu invoqué, un grand père de l'Église, animé de la plus vive charité, l'a copié pour ainsi dire à la lettre dans un illustre mandement qu'il adresse à tous les fidelles.

C'est donc à Votre Grandeur, Monseigneur, à l'aveuglement et à la prévention du public qui applaudit sans connoissance tout ce que vous daignez lui représenter sans réflexion, que je dois le grand débit qui s'en fait encore aujourd'hui ; ainsi, loin d'estre jalouse de ce que mon coup d'essai sert à immortaliser votre nom, sous lequel il paroist, je vous remercie très-humblement de l'attention que vous avez eue de n'en supprimer simplement que l'intitulé et les conclusions qui ne pouvoient cadrer à votre louable dessein.

Je le dois d'autant plus, que je suis intérieurement persuadée que vous n'avez pris cette sage précaution que pour me faire partager avec vous l'honneur de cet ouvrage capable de réveiller ma présomption naturelle ; mais j'ai renoncé aux vanitez du monde, et du fond de ma solitude, je ne puis mieux vous témoigner ma sensibilité à toutes vos bontez que par des vœux continuels pour la prospérité de votre illustre personne.

Je souhaite, Monseigneur, que vous jouissiez longtemps et paisiblement du fruit de vos travaux au milieu des plaisirs que la foule de gens de bien qui vous accablent s'efforce, comme à l'envie, de procurer à Votre Grandeur, pour la délasser en quelque sorte du fardeau de l'épiscopal, où vous avez été élevé de la propre main de la sacrée Société pour la propagation de la nouvelle morale, le repos des consciences criminelles, la tranquillité de votre diocèse, l'édification des fidelles et la paix de l'Église dont vous entreprenez la deffense avec tant de chaleur que, pour l'interest sensible que les cours souveraines prennent à votre conservation, elles ont souvent cru nécessaire d'user de leur autorité pour modérer, s'il avoit été possible, votre zèle dont la vivacité a été plus d'une fois préjudiciable à Votre Grandeur.

Ce que vous pouvez éviter par la suite, pour peu que vous vouliez réfléchir

---

1. La plaisanterie est facile à comprendre. Tous les mandements d'évêque se ressemblant à peu de chose près, celui de Mᵍʳ de Laon semblait être copié sur le manifeste de Mˡˡᵉ Lemaure, qui était calqué lui-même sur le mandement de Mᵍʳ de Saint-Papoul. On aurait pu prolonger indéfiniment cette façon de railler.

sur ma retraite d'un théâtre où j'ay joué tant de rolles impies; songez-y, Monseigneur, et soyez persuadé que je suis avec un profond respect et une entière soumission,

De Votre Grandeur,

La plus humble, la plus soumise et la plus reconnoissante servante,

LEMAURE.

Ce 20 avril 1735.

III

Mlle Lemaure avait bien juré que nulle puissance au monde ne la ferait jamais rentrer au théâtre de l'Opéra, et elle tint parole pendant cinq ans, en résistant aux sollicitations de ceux qui voulaient la faire revenir sur ce mouvement de colère et de dépit. Cependant, quand ce beau courroux fut calmé, elle céda aux instances des directeurs de l'Opéra, et leur imposa ses conditions souveraines.

Cette détermination était due surtout aux conseils d'un jeune homme de trente ans, le séduisant abbé de la Garde, abbé seulement par le costume, homme de goût et d'esprit, moins écrivain de profession qu'amateur éclairé, qui devait faire si belle figure et si grande fortune à la cour auprès de la Pompadour et du roi qui le comblaient à l'envi de libéralités et de pensions. En se retirant de l'Opéra, Mlle Lemaure était venue s'établir dans le voisinage du Temple : elle eut occasion de lier connaissance avec Mme de la Garde la mère. Le jeune abbé, la tête pleine du souvenir de la cantatrice et de sa voix ravissante qu'il avait si souvent applaudie au théâtre, sut bientôt gagner son cœur, et prit même assez d'ascendant sur elle pour l'engager, pour la déterminer à retourner à l'Opéra.

Mlle Lemaure dut alors changer de quartier pour se loger aux environs du Palais-Royal; la Garde la suivit aussitôt, et s'en vint habiter avec sa mère dans la même maison, rue Neuve-des-Petits-Champs. La liaison de l'abbé avec la chanteuse était de notoriété publique, et dura plusieurs années : il y est fait allusion dans un de ces pamphlets facétieux comme il en éclosait tant à cette époque, et qui renfermaient tant de vérités sous une forme fantaisiste et piquante. L'article XLVI du *Code lyrique* « confirme le sieur abbé Pellegrin dans la qualité d'*aumônier de l'Opéra*, qu'il exerce depuis tant d'années à l'édification du public »; et l'article suivant ajoute :

> XLVII. — Nommons le sieur abbé de la Garde *coadjuteur* dudit abbé Pellegrin, à la charge par lui d'observer mieux qu'il n'a fait jusqu'à présent les bienséances de son état. N'entendons néanmoins empêcher qu'il ne continue auprès de la demoiselle Lemaure, comme lui étant attaché et son commensal, la fonction de *chevalier d'honneur* ou d'*écuyer de main*, qu'il exerce avec tant de distinction; laquelle fonction d'écuyer, ensemble tous les détails domestiques dont il est chargé chez ladite demoiselle Lemaure et notamment le soin de son temporel, nous avons déclarés compatibles avec le dit état de coadjuteur. Voulons qu'il perçoive les émoluments de tous et chacuns les dits emplois, sans pour ce pouvoir être troublé dans la possession de son bénéfice par dévolut et autres moyens canoniques; lui permettons en conséquence de porter le velours et même les couleurs, à l'instar de l'aumônier du comte de Gramont[1].

Les amoureux s'amusaient à la bagatelle, s'il faut en croire Barbier, et rien de bien grave ne pouvait résulter de leurs relations. Le trait est vif, mais il jette un jour particulier sur la vie intime de la chanteuse : « On rapporta hier en plein cercle que M. de la Garde le père avoit répondu à une personne qui lui avoit dit qu'on jugeoit par la jaunisse de son fils et l'état d'épuisement où il paroissoit être, de la lubricité de mademoiselle Lemaure, que l'on se trompoit grossièrement, que cette demoiselle ne se servoit de son fils que pour se faire chatouiller, ce plaisir étant pour elle au-dessus de tout autre, et y passant des jours entiers[2]. »

Mlle Lemaure avait fui l'Opéra en mars 1735; elle y revint cinq ans après, presque jour pour jour, et choisit pour rentrer le rôle même cause de sa disgrâce et de son brusque départ. L'usage était alors de rejouer presque chaque année l'opéra biblique de *Jephté* aux approches de la semaine sainte; la reprise en eut lieu cette fois le 17 mars 1740, avec Mlle Lemaure dans le personnage d'Iphise. Voici en quels termes le *Mercure* célèbre le retour de l'enfant prodigue : « Le 17 (mars 1740), l'Académie royale de musique remit au théâtre la tragédie de *Jephté*, tirée de l'Écriture sainte, dont elle a donné quatre représentations, dans laquelle la demoiselle Lemaure, après une

---

1. *Le Code lyrique ou Règlement pour l'Opéra de Paris* (attribué à Meusnier de Querlon). A Utopie, chez Thomas Morus, à l'enseigne des Terres australes, 1743. Avec permission.
2. *Journal* de Barbier, 14 août 1743.

absence d'environ cinq ans, représenta un des principaux rôles, avec un applaudissement général ; on trouve que cette actrice a conservé toute l'étendue de sa voix, avec les grâces et le naturel que tout le monde lui connaît. Elle a été si bien secondée par la demoiselle Antier, que dans le duo du quatrième acte, ces deux voix, qui semblent faites l'une pour l'autre, se distinguaient à peine. On n'a jamais vu à ce théâtre d'assemblées si nombreuses. » Alors comme aujourd'hui, il faisait bon de s'absenter à propos, pour donner le temps de réfléchir aux nombreuses gens d'opinion variable qui sentent moins vivement e plaisir lui-même que le regret du plaisir évanoui.

La rentrée de Mlle Lemaure fit éclore une nouvelle brochure : elle ne pouvait décidément plus faire un pas, entrer ni sortir, sans que cette fuite ou ce retour ne fût aussitôt sujet à raillerie et matière à pamphlet. Celui-ci, qui avait pour titre : *Lettre au sujet de la rentrée de la demoiselle Lemaure à l'Opéra, écrite à une dame de province par un solitaire de Paris, avec une parodie de la quatrième scène du troisième acte de Zaïre et quelques pièces en vers sur le même sujet* (à Bruxelles, 1740), fut publié sans indication d'auteur, mais on connaît le vrai nom du prétendu solitaire : c'était le chevalier Jean-Florent-Joseph de Neufville de Brunanbois-Montador qui avait vu le jour à Sangarte, près Calais, en 1707, et qui commandait à Lorient une compagnie des bas officiers invalides. Cette petite brochure est trop diffuse et trop peu intéressante dans son ensemble pour mériter une reproduction complète ; elle n'a d'ailleurs aucun rapport avec les facéties suggérées par les évêques de Saint-Papoul et de Laon, mais elle renferme des renseignements instructifs sur la vie de Mlle Lemaure durant ces cinq ans d'exil et sur les causes de sa rentrée à l'Opéra : il y a certainement là bien de la fantaisie et de la médisance, mais il s'y trouve aussi quelque parcelle de vérité, et c'est déjà beaucoup[1].

Lorsque la cantatrice avait décidé de ne plus remonter sur la scène de l'Opéra, elle s'était trouvée prise par son engagement qui lui défendait de partir sans avoir prévenu ses supérieurs au moins six mois à l'avance, et elle n'avait pu imaginer qu'un seul moyen d'obtenir sa liberté immédiate : c'était de se vouer à la dévotion. Sa sœur, qu'on disait « assez spirituelle pour deux, » et des dames très-zélées pour

---

1. Les trois lettres précédentes se trouvent à la Bibliothèque nationale et à celle de l'Opéra, mais cette dernière brochure est beaucoup plus rare : c'est M. Ernest Thoinan, dont la riche collection musicale est presque inépuisable, qui a bien voulu nous en donner communication.

le salut du prochain, réunirent leurs sollicitations et la décidèrent enfin de signifier à qui de droit « qu'elle se consacrait à la piété. » A défaut d'opéras et de ballets, elle chanta dès lors l'office des Ténèbres, sans que le diable y perdît rien, car la foule courait aux églises où elle devait se faire entendre et se laissait toucher bien moins par les textes saints que par le chant mélodieux de la cantatrice : l'Église devenait l'Opéra. Les personnes qui s'intéressaient à son salut et qui voulaient garder le plus longtemps possible une conquête aussi utile au profit de l'Église, lui procurèrent les bons avis de l'abbé B*** (Bizot), homme de bien s'il en fut, de gracieuse société, d'un zèle éclairé et qui avait un talent particulier pour ramener dans la bonne voie « ces jeunes personnes égarées, dont souvent l'indigence a fait échouer la vertu. » L'aimable abbé prêcha tant et si bien qu'il acheva presque la conversion de la pénitente, et peu s'en fallut qu'on ne la canonisât sans autre information; mais à défaut du rang de bienheureuse, elle reçut une pension de certain « prince vertueux, plus respectable encore par sa piété que par son auguste rang, » et qui honorait l'abbé Bizot d'une estime singulière. Mlle Lemaure avait bien en propre huit mille livres de rente, elle accepta néanmoins, parce que jamais fille de l'Opéra ne sut refuser, et elle moins que toute autre ; mais elle eut au moins la pudeur d'annoncer qu'elle n'aurait garde de ravir à de plus pauvres qu'elle les secours princiers : la crut qui voulut, c'est-à-dire personne.

Cependant les amateurs de l'Opéra redemandaient l'exilée volontaire avec un empressement qui tenait de la fureur. Ces plaintes et ces cris émurent certain ecclésiastique *ad honores* (l'abbé de la Garde), qui habitait dans la même maison que l'actrice et qui avait pu étudier son caractère, saisir ses goûts. Il essaya donc de la décider à rentrer au théâtre et lui adressa à cet effet tout un sermon. L'idée principale était très-habilement choisie : ne valait-il pas mieux pour une artiste de talent obéir, comme tant d'autres, au directeur de l'Opéra que de ramper sous une sœur qu'elle estimait assez peu pour l'avoir publiquement traitée en femme de chambre ? « Encore une fois, s'il faut obéir au directeur de votre spectacle, si c'est une humiliation, au moins est-elle utile et profitable. Vous avez eu quelques couleuvres à avaler avec lui, mais n'étiez-vous pas payée pour cela ? L'argent fait oublier bien des chagrins et console de beaucoup de maux ; mais être tous les jours gourmandée, exhortée, sermonnée pour rien, ma foi ! ce n'est pas la peine, et je trouve cette situation cent fois plus révoltante. » C'était bien l'avis de la demoiselle qui calculait déjà de tête tous ses revenus :

uit mille livres de rente, quatre mille d'appointements, sept mille au bas mot de « recette journalière et manuelle, » plus la pension du prince... Celle-ci vous sera retirée, reprit l'abbé, mais que de moyens de vous récupérer au centuple de cette perte : les allants, les venants, les profits accidentels, un caprice de fermier général, un moment de curiosité d'un Anglais, une légère tentation d'un Allemand ou d'un Suédois, le moindre souper de quelque magistrat du bel air, le concert de quelque marchand qui veut se mettre à la mode, la plus courte promenade à Saint-Cloud, etc. Mlle Lemaure ne tarda pas à céder et engagea sa parole d'honneur « aussi hardiment que si elle en avait ; » l'insinuant abbé courut annoncer l'heureuse issue de cette négociation et reçut quinze cents francs de pot de vin. Vainement la sœur courut avertir l'abbé Bizot de cette rechute inattendue, vainement celui-ci arriva chez la chanteuse et essaya-t-il de tous les moyens, de la prière, de la menace, du sentiment, pour ramener au bercail la brebis égarée ; il dut se retirer avec le désespoir dans l'âme et sachant à n'en pas douter que l'abbé D*** (de la Garde) prêchait beaucoup mieux que lui. La rentrée de Mlle Lemaure était chose décidée, mais il lui vint des scrupules au dernier moment, et comme on lui conseillait de paraître en scène *incognito*. « Eh ! dit-elle, si quelqu'un vient badiner avec moi dans les coulisses, moi qu'on ne saurait toucher sans que j'accouche[1], comment ferais-je ?... » Le subterfuge fut donc abandonné comme inutile, et la célèbre chanteuse effectua sa rentrée à visage découvert devant une assemblée énorme qui avait fait retenir toutes les loges dès l'annonce éventuelle de son retour : le parterre et l'amphithéâtre étaient pleins à une heure après midi ; on en sortait dès deux heures pour changer de chemise et l'on s'y trouvait mal à trois, sans que la moitié des gens qui se pressaient aux portes eût pu pénétrer dans la salle[2].

1. L'auteur de la brochure assure que c'était là une phrase familière à Mlle Lemaure.
2. Outre cette brochure, la rentrée de Mlle Lemaure à l'Opéra fit naître aussi deux gravures qu'il nous serait bien impossible de reproduire, mais dont on peut indiquer au moins le sujet, — sans les accessoires.
Voici ce que représente la première : Au milieu d'une chambre remplie d'attributs allégoriques et licencieux, Mlle Lemaure, vêtue moitié en nonne, moitié en sujet d'Opéra, est entre deux abbés qui la dépouillent, l'un de ses habits religieux, l'autre de ses vêtements de théâtre. Tandis que l'abbé Pellegrin et l'abbé Bizot la déshabillent si bien de droite et de gauche, l'abbé de la Garde agite par derrière une bourse : « C'est lui, dit la légende imprimée, qui, pour guérir Mlle Lemaure de la peur de perdre son âme, si c'le rentrait à l'Opéra, a trouvé

Peu après les vacances de Pâques 1740, l'Opéra remettait à la scène (le 17 mai), le ballet des *Sens*, de Roy et Mouret, mais en le réduisant de cinq à trois entrées : l'Ouïe et le Goût étaient supprimés. Cette fois, l'enthousiasme du *Mercure* ne connaît plus de bornes : « La demoiselle Lemaure chante dans la troisième entrée (*la Vue*) le rôle de l'Amour, qu'elle avoit joué dans la nouveauté de ce ballet ; et elle le joue et le déclame non-seulement avec la plus belle voix qu'on ait jamais entendue, mais encore avec le naturel le plus simple, le plus vrai. Nous sommes sûrs, ajoute le *Mercure*, que le public ne nous démentira pas sur ce juste tribut d'éloges que personne n'a peut-être jamais aussi bien mérités[1]. »

Bien loin de contredire à ces louanges, le public se mit de la partie pour les amplifier : il célébra en vers les talents que le journaliste vantait en prose vulgaire. Les lecteurs ne se lassant pas d'entendre exalter les mérites de Mlle Lemaure, le *Mercure* accueillait toutes ces improvisations amoureuses, ces déclarations déguisées des spectateurs en feu. Les uns signaient leurs épîtres enflammées, les

l'expédient de lui persuader qu'elle n'en avoit point selon le système de Mahomet sur les femmes. » Tout au fond, le directeur de l'Opéra, Thuret, caché dans la garde-robe, entr'ouvre la porte pour savoir si la cantatrice va enfin lui revenir. Le texte de cette gravure très-rare, mais qui se trouve cependant aux archives de l'Opéra, est : LA DEMOISELLE LEMAURE, PROBLÈME D'OPÉRA, 1740 ; avec cette légende latine au-dessous : INTER DUOS LITIGANTES, TERTIUS GAUDET. Les deux débattants (*litigantes*) sont donc l'abbé Pellegrin, qui veut faire rentrer la Lemaure à l'Opéra, et l'abbé Bizot, qui s'efforce de la retenir au couvent ; quant au troisième (*tertius*), c'est le jeune abbé de la Garde, qui se réjouit (*gaudet*) de voir sa maîtresse, ainsi tiraillée, ne plus porter bientôt aucun costume, ni celui de chanteuse, ni celui de nonnain. — On intitule quelquefois cette gravure : *Mademoiselle Lemaure entre le vice et la vertu*, l'abbé Pellegrin représentant le vice, et l'abbé Bizot la vertu ; mais ce titre est moins exact, puisque l'abbé de la Garde, qui joue cependant un rôle important, n'y est pas compris.

La seconde gravure est intitulée : LETTRE ÉCRITE A MADEMOISELLE LEMAURE PAR UN ABBÉ DE SES AMIS, 1742. Elle est presque introuvable. Cette lettre, gravée avec de coquets enjolivements à l'entour, offre un sens convenable et sérieux lorsqu'on la lit sans être prévenu ; mais quand on en couvre une partie avec un papier, chaque ligne, coupée à sa moitié, se réunit à la ligne suivante, — quel travail cela suppose de la part de l'auteur ! — et cette moitié de lettre peut se lire ainsi couramment. Elle offre alors un sens tout différent du premier et des plus orduriers.

1. Mlle Lemaure avait créé ce rôle. Le *Ballet des Sens*, joué le 5 juin 1732, avait eu pour interprètes originaux dans le chant : Chassé, Dumast, Tribou, Dun, Mlles Lemaure, Pellissier, Petitpas, Éremans, Antier et Mignier ; dans la danse : Dupré, Laval, Dumoulin, Bontemps, Javillier, Mlles Sallé, Camargo, Thibert et Mariette. Grand succès dès le premier jour, confirmé par les heureuses reprises de 1740 et de 1751.

autres les glissaient sans signature ; mais celles qui portent un nom
ne sont pas toujours les meilleures. L'actrice était inimitable, ravissante en Amour : M. de Boissy, l'auteur dramatique si fécond, fut ravi
comme tant d'autres, et, pris d'une belle envie de rimer au sortir de
l'Opéra, il lance aux étoiles ce merveilleux quatrain :

> Je viens d'entendre enfin cette chanteuse unique,
> Qui pousse jusqu'aux cieux sa voix, sans la forcer,
> Qui ne connaît d'autre art que l'art de prononcer,
> Et qui n'a que le cœur pour maître de musique.

C'est ensuite un M. de Bonneval qui adresse au *Mercure* trois
pièces de vers sur Mlles Lemaure, Éremans et Fel. Il les attribue
bien à la « sensibilité » d'amateurs réunis à dîner « dans une belle
et bonne compagnie où l'esprit fut encore mieux traité que le corps,
quoique les mets y fussent très-délicatement apprêtés ; » mais il est
bien clair qu'une seule et même personne a composé ces trois
impromptus : le modeste M. de Bonneval.

> L'Opéra n'est plus en vacance,
> Et la charmante voix qui régnoit sur nos cœurs,
> Exerce de nouveau sa première puissance;
>   Quel triomphe pour les neuf sœurs !
> Pour moi, j'avois fait vœu de ne plus rien entendre ;
> J'avois même promis de ne plus rien aimer,
> Et dans mon désespoir je voulois me défendre
>   D'user de mon droit de rimer.
> *Lemaure*, quels plaisirs vous venez de me rendre !
> Je vais à l'Opéra depuis votre retour,
>   Je rime par reconnaissance.
>   Du reste, interrogez l'Amour ;
>   Que de vœux je romps en ce jour!
>   J'en suis étonné quand j'y pense.

Excellent M. de Bonneval ! *Quel triomphe pour les neuf sœurs..*
s'il n'avait pas rompu ses vœux[1] !

> Pour enflammer les cœurs, pour enchanter les yeux,
>   L'Amour ne pouvoit faire mieux
>   Que d'emprunter ta voix et ta figure ;
>   Mais pour le bonheur de nos feux,

---

1. Ce médiocre rimeur devait être l'ancien intendant des Menus Plaisirs du roi, Michel de Bonneval, qui ne mourut qu'en 1766. Il composa le poëme de différents ouvrages joués à l'Opéra : le ballet des *Romans* (1736), mis en musique par Niel ; celui des *Amours de printemps* (1739), et le grand opéra de *Jupiter vainqueur des Titans* (1745), ces deux pièces mises en musique par Colin de Blamont.

> Il ne pouvoit choisir plus fatale parure;
> Voi combien la nature
> En va souffrir de maux :
> Ce Dieu jaloux des biens de son empire,
> En devenant l'objet des transports qu'il inspire,
> Des deux sexes amants va faire des rivaux.

A qui s'adressent ces vers : à Mlle Lemaure ou à l'Amour ? Et qui les lui adresse : un homme ou une femme ? car on ne s'y reconnaît plus dans cet étrange *imbroglio* de sexes et d'amours.

Le 19 juillet de la même année, l'Opéra remettait en scène *les Fêtes vénitiennes*, de Danchet et Campra, qui n'avaient pas été jouées depuis le mois de juin 1731[1]. On en donnait seulement le prologue et trois entrées : *les Devins de la place Saint-Marc, l'Amour saltimbanque* et *le Bal*. Mlle Lemaure chanta la deuxième de ces entrées, mais elle avait notablement avancé depuis neuf ans, et elle céda le rôle secondaire de Léonore à Mlle Julie pour prendre celui de l'Amour saltimbanque, précédemment joué par Mlle Petitpas : sa grande voix s'y fit toujours admirer. Un seul acteur conserva à cette reprise son rôle de 1731 : Cuvillier, qui figurait la gouvernante de Léonore; Dun remplaçait Dubourg dans le chef des saltimbanques et Jélyotte succédait à Tribou dans le rôle du jeune Français Éraste, amant de Léonore. Deux mois après, à la fin de septembre, la direction, voyant s'accentuer le succès des *Fêtes vénitiennes*, remettait en scène une quatrième entrée de ce ballet, *l'Opéra*, dans laquelle Mlle Lemaure-Flore et Jélyotte-Zéphyre se firent applaudir à l'envi.

A la fin de l'année, une reprise solennelle d'*Amadis de Gaule* (8 novembre), qui n'avait pas été joué non plus depuis neuf ans, accrut encore, s'il était possible, la faveur de Mlle Lemaure par la façon dont elle et Mlle Antier rendirent les rôles d'Oriane et d'Arcabonne, qu'elles avaient conservés de la reprise de 1731. L'exécution était d'ailleurs admirable, car ces interprètes hors ligne étaient entourées de Jélyotte, d'Albert, de Mlle Fel, de

---

1. La comédie-ballet de Danchet et Campra avait eu un succès tel à l'origine (17 juin 1710), qu'elle avait été jouée soixante-six fois de suite, et qu'elle comptait déjà plusieurs reprises solennelles. Les premiers interprètes étaient Thévenard, Hardouin, Dun, Guesdon, Mantienne, Cochereau, Mlles Desmâtins, Poussin, Journet, Pestel, Dun, Desjardins.

Lepage, de Mlle Éremans dans les personnages d'Amadis, de Florestan, de Corisandre, d'Arcalaüs et de l'enchanteresse Urgande[1].

A MADEMOISELLE LEMAURE,

pendant la représentation de l'opéra

D'AMADIS,

le 25 novembre 1740, de la part du public.

> Tandis qu'au Parnasse on s'apprête
> A vous ériger maints autels,
> Des hommages plus naturels
> Célèbrent ici votre fête.
> Dans ce temple mélodieux,
> Dont vos seuls talents sont les dieux,
> Nos mains, du plaisir que vous faites
> Bruyantes interprètes,
> Par un fracas mille fois répété,
> Bien mieux que vers ou prose,
> Y feront votre apothéose.
> Et pour que rien ne manque à la solennité,
> Nos transports, notre volupté,
> Seront l'encens et la couronne
> Que le Goût vous décerne et que l'Amour vous donne.

Du parterre de l'Opéra, le 25 novembre 1740, à six heures du soir.

Mlle Lemaure avait effectué sa rentrée sous de trop heureux auspices pour ne pas rester fidèle à l'Opéra, et, en effet, elle ne cessa plus d'y chanter jusqu'au jour de sa retraite définitive, qu'elle prit en avril 1744. Cette nouvelle période de sa carrière ne lui réservait pas de moins beaux succès que la précédente. Outre ces diverses reprises de rôles, si bien fêtées en prose et en vers, elle créait le personnage de l'héroïne dans l'opéra d'*Isbé*, de la Rivière et Mondonville (10 avril 1742), et elle figurait de la façon la plus brillante

---

1. La tragédie lyrique de Quinault et Lulli avait été jouée à l'origine (mardi 18 janvier 1684) par Duménil (Amadis), Dun (Florestan), Beaumavielle (Arcalaüs), Mlles Fanchon Moreau (Oriane), Desmâtins (Corisandre) et Marthe Le Rochois, qui remporta dans Arcabonne un double succès de tragédienne et de cantatrice. C'est pour cacher les vilains bras de Mlle Le Rochois, que le dessinateur Berain imagina de longues manches que la mode adopta sous le nom de *Manches à l'Amadis*. Voir notre travail : *Les Costumes de théâtre pendant un siècle et demi*, publié à la *Chronique musicale* (n° du 15 septembre 1875).

à côté de Jélyotte et de Chassé, dans *Hippolyte et Aricie*, dont la remise solennelle à la scène avait lieu le 11 septembre de la même année ; enfin elle tenait d'original un des nombreux rôles féminins dans le ballet de Duclos et Bury fils, *les Caractères de la Folie* (20 août 1743), à côté de nouvelles recrues dont quelques-unes allaient passer au rang d'étoiles : MM[lles] Coupée et Bourbonnois, Julie et Chevalier, et la plus illustre entre toutes, Marie Fel.

Et le premier jour de l'an qui vint, la chanteuse applaudie reçut en guise d'étrenne lyrique... un logographe :

> Celle qui sçait nous émouvoir
> Les mardis, vendredis, dimanches,
> A nom comme ceux qui font voir
> Teint noir, grosse lèvre, dents blanches [1].

Telle était alors la célébrité de Mlle Lemaure, que Voltaire lui-même, assez pauvre connaisseur en musique, ne se tient pas de la présenter comme une véritable merveille dans certaine lettre adressée à *ses anges* : « ... C'est une chose bien singulière qu'une pièce nouvelle (*Mahomet*) soit jouée en province de façon à me faire désespérer qu'elle puisse avoir le même succès à Paris. Mon sort d'ailleurs a toujours été d'être persécuté dans cette capitale et de trouver ailleurs plus de justice. On dit que le goût des mauvaises pointes et des quolibets est la seule chose qui soit aujourd'hui de mode, et que, sans la voix de la Lemaure et le canard de Vaucanson, vous n'auriez rien qui fît ressouvenir de la gloire de la France [2]. »

Et dans sa lettre en petits vers à M. de Fromont :

> Vous voilà dans l'heureux pays
> Des belles et des beaux esprits,
> Des bagatelles renaissantes,
> Des bons et des mauvais écrits.
> Vous entendez, les vendredis,
> Ces clameurs longues et touchantes
> Dont Lemaure enchante Paris [3].

S'il n'y a qu'un avis sur la voix incomparable de la Lemaure, il n'y en a qu'un aussi sur sa médiocre intelligence et sur son peu d'esprit.

---

1. *Étrennes logographes du théâtre et du Parnasse*, à Sipra, 1744.
2. Lettre à d'Argental, de Bruxelles, 5 mai 1741. C'est lors de son passage à Lille qu'on avait donné quelques représentations de *Mahomet*, avec Lanoue dans le rôle principal, dont une « chez l'intendant, dit Voltaire, qui a voulu absolument voir un fondateur de religion. »
3. De Bruxelles, 1er avril 1740.

Le prince de Ligne dit même assez spirituellement : « Heureux les hommes nés avec le talent de leur état !... Ce talent de l'état vaut bien mieux que de l'esprit. Avec de l'esprit tous les jours on voit une quantité de gens qui ne réussissent en rien... C'est pour cela qu'il se peut très-bien que Mlle Lemaure ait été aussi bête qu'on l'a dit, et que d'autres excellentes actrices ne soient pas aimables. Tous les talents de spectacle dépendent d'un certain tact qui ne se donne pas...[1] » D'Hannetaire ne jugeait pas mieux la chanteuse, et Chevrier en pensait pis. Certaine brochure des plus élogieuses, le Point de vue sur l'Opéra, vient-elle à paraître, il commence par se dire enchanté de la justice que l'auteur rend à Mlle Lemaure, mais comme il ne faut jamais, croit-il, encenser les ridicules et les maniaques, il prétend finir le portrait de la chanteuse par quelques traits singuliers qui feront mieux connaître cette fille extraordinaire que tous les plus beaux éloges du monde. Et il la dépeint en cinq lignes : « Elle n'a jamais su lire, elle est née avec peu d'esprit et une intelligence probablement infuse, elle est devenue folle à quarante ans ; en 1753, elle ne voulut pas chanter chez la dauphine qu'on ne la vînt chercher en carrosse ; elle ne mange que du mouton et ne peut voir d'autres viandes sur les tables qu'elle *honore* de sa présence, si bien que tous les honnêtes gens qui veulent l'entendre et la traiter doivent se mettre au régime du mouton sans aucune autre nourriture [2]. »

Jusqu'au dernier jour, Mlle Lemaure mit à de rudes épreuves la patience de l'autorité supérieure, et mille caprices passaient par cette tête folle qui créaient à tout instant quelque embarras au directeur de l'Opéra. — « Mlle Lemaure n'a point chanté hier, dit un contemporain, parce que Ricau, son friseur, n'était pas arrivé. M. Thuret est fort las des caprices de cette fille, et voudrait fort en être défait sans que cela vînt de lui, aussi bien que de la famille de Lagarde, qui le consomme, dit-il, sans que le public ni lui en soient plus avancés. » (8 mai 1743 [3].) « Le roi doit aller vendredi prochain à l'Opéra. L'on espère que les raisons qui, tous les mois, empêchent Mlle Lemaure de chanter, auront cessé. » (23 décembre 1743.) — Elle jouissait alors de son

1. *Lettres à Eugénie sur les spectacles*, 1774. Lettre XII.
2. *Almanach des gens d'esprit, par un homme qui n'est pas sot lui-même* (décembre 1761), dans le premier volume des Œuvres de Chevrier. (Édition de Londres, 1774, 3 vol. in-12.)
3. *Chronique du règne de Louis XV* (1742-43), publiée à la Revue rétrospective, 1re série, vol. IV et V.

reste, car elle n'avait plus que peu de mois à passer à l'Opéra : elle prit effectivement sa retraite définitive aux vacances de Pâques 1744[1].

Elle ne chantait plus que pour ses amis depuis un an, lorsqu'on vint la supplier de se faire entendre aux spectacles qui seraient donnés à la cour pour le mariage du dauphin : c'était en 1745. Elle y consentit après s'être fait beaucoup prier, mais sous cette condition expresse qu'un carrosse du roi la viendrait prendre pour la mener à Versailles et qu'elle serait accompagnée à la cour par un gentilhomme de la chambre. Ce cérémonial fut observé de point en point, et en traversant Paris dans ce superbe équipage, elle laissa échapper ce cri d'une vanité si naïve et si joyeuse : « *Mon Dieu! que je voudrais être à l'une de ces fenêtres pour me voir passer!* » Le mot est devenu célèbre et méritait d'aller à la postérité.

Mlle Lemaure avait encore tous ses moyens vocaux, tout son talent, lorsqu'elle quitta le théâtre par lassitude ou par ennui ; car si elle ne se produisait plus en public, elle ne se faisait pas faute de chanter dans les maisons où elle était reçue et même d'y représenter de grands opéras. « Sa retraite, dit de la Borde, fut plutôt causée par le caprice que par l'impuissance de chanter ; elle aurait pu rester encore dix ans au théâtre ; et depuis sa retraite, nous l'avons entendue un grand nombre de fois chanter et jouer des opéras entiers, sans qu'elle en parût fatiguée. Les entrepreneurs du Colysée la déterminèrent à y chanter deux ou trois fois en l'année 1771. Jamais affluence ne fut comparable à celle des curieux qui allèrent pour l'entendre. Mlle Lemaure y fut encore supérieure à ce qu'on devait attendre de son âge. Tout le monde parut convenir de la supériorité de son organe et

---

1. Mlle Lemaure ne rentra plus jamais à l'Opéra, bien qu'on lise dans les *Mémoires secrets*, à la date du 12 octobre 1762 : « Aujourd'hui, on a donné de nouveaux fragmen's composés de *Hilas et Zélis*, *Alphée et Aréthuse* et *l'Acte de Société*. Le premier avait été joué avec *les Caractères de la Folie* et avait été entraîné dans la déroute de cette mauvaise pièce. Aujourd'hui qu'il est mieux entouré et surtout remarquablement joué par Larrivée et Mlle Lemaure, il a été très-goûté. » Cette faute n'a jamais été corrigée, il faut lire Mlle *Lemierre* au lieu de Mlle *Lemaure*. Le *Mercure* de 1762 confirme la date comme la composition du spectacle, et dit d'une façon très-précise que Mlle Arnoult chantait le rôle d'Aréthuse dans le premier acte, Mlle Lemierre celui de Zélis dans le deuxième, et que Larrivée chantait dans les deux. — Mlle Lemierre devint par la suite Mme Larrivée, mais elle était encore jeune fille quand on lui adressa ces jolis vers :

> Lemierre, tel est votre pouvoir,
> Que c'en est assez pour se rendre,
> De vous entendre sans vous voir,
> Ou de vous voir sans vous entendre.

les jeunes gens eux-mêmes, quoique le goût de la musique eût déjà subi un commencement de révolution, ne purent se refuser au charme et à l'impression de sa voix. [1] »

Il ne paraît pas pourtant qu'elle ait obtenu si grand succès aux concerts du Colysée, à entendre des témoins moins favorables que de la Borde ; mais il faut dire qu'elle approchait de soixante-dix ans en 1771 et qu'elle avait déjà quitté l'Opéra depuis dix-sept ans. Le duc de la Vrillière et la marquise de Langeac couvraient de leur éclatante protection les entrepreneurs du Colysée, dont la ruine était imminente : il s'agissait seulement de la retarder autant que possible. Ils voulurent procurer à leurs protégés une ressource inespérée qui les pût soutenir quelque temps, et ils usèrent de toute leur autorité pour décider Mlle Lemaure à chanter au moins une fois au Colysée. La grande cantatrice risquait là une partie dangereuse, car elle ne devait plus être au courant de la musique du jour et du goût public, sans parler de ses moyens, qui avaient nécessairement baissé, et de sa voix, qui aurait eu peine à remplir un aussi grand vaisseau même au temps de sa splendeur. Cette nouvelle souleva par toute la ville une ardente curiosité tempérée d'un peu de défiance. Les uns énuméraient tous ces dangers pour justifier leur crainte que la célèbre virtuose ne soutînt pas son ancienne réputation ; les autres assuraient qu'elle ne se risquerait au Colysée qu'à bon escient et après avoir essayé sa voix dans la salle même ; tous, amateurs et curieux, s'apprêtaient à courir entendre une pareille merveille, si tant est qu'elle voulût bien chanter.

Mlle Lemaure accepta, et ce concert exceptionnel fut annoncé pour le lundi 15 juillet 1771. Une foule immense se pressait aux portes et se précipita dans la salle ; près de six mille spectateurs parvinrent à se placer tant bien que mal, dont trois cents au plus avaient eu des billets *gratis*. La grande cantatrice se rendit au concert avec un cérémonial princier réglé par elle-même, et qui rappelait son voyage triomphal à Versailles. Un suisse alla la chercher à son appartement et la précéda jusqu'à l'orchestre, tandis que d'autres faisaient la haie sur son passage ; un écuyer lui donna la main pour paraître sur l'estrade, escortée de quatre dames d'honneur. A l'aspect de cette foule immense, l'artiste se sentit d'abord troublée, mais elle reprit bientôt ses esprits et entama le monologue de l'acte du *Sylphe* au

---

1. *Essais sur la musique*, t. III, p. 521.

milieu d'un silence universel, qui prouvait bien quelle sensation profonde elle avait produite dès le début par la sublimité de son chant. Ses forces vinrent malheureusement à la trahir et sa voix fut absolument couverte par celle de Legros dans la scène qu'elle devait chanter avec lui. Ceux qui avaient entendu autrefois la grande chanteuse ne retrouvèrent plus que les restes de ce bel organe, et ceux qui ne la connaissaient pas encore purent médiocrement juger de son talent et n'en furent pas émerveillés : on l'applaudit cependant à tout rompre en souvenir de sa gloire passée.

Le résultat pécuniaire avait été trop beau pour que les entrepreneurs du Colysée n'implorassent pas de Mlle Lemaure une seconde audition. Elle consentit encore et se présenta au concert du lundi 29 juillet, vêtue de blanc au lieu de rose, ce qui convenait assez peu à son âge avancé. Cette fois, elle chanta plusieurs morceaux, mais seule et sans le concours dangereux d'un partenaire qui devenait un rival. Elle fut reçue par des transports d'enthousiasme qui redoublèrent après qu'elle eut chanté, tant sa voix était encore belle et expressive ; mais elle commit une imprudence qui faillit changer ce triomphe en déroute. Au moment même où l'orchestre était à moitié parti et où les spectateurs commençaient à se retirer, elle voulut régaler l'auditoire d'un morceau en surplus, et se remit à chanter. Elle avait trop compté sur elle-même et sentit sa voix faiblir, mais le public s'aperçut de ses efforts ; toujours indulgent pour les artistes qu'il préfère, il redoubla d'applaudissements pour lui dissimuler à elle-même cet échec et pour lui épargner l'humiliation d'une disgrâce [1].

Ce concert avait été bien plus favorable que le premier à la chanteuse, mais la recette avait sensiblement diminué, et il devenait trop évident que Mlle Lemaure ne suffirait pas à sauver de la ruine ces imprudents directeurs. Elle eut même le tort, reprenant goût aux applaudissements du véritable public, dont elle était sevrée depuis si longtemps, de se trop prodiguer à ces concerts. Ses anciens admirateurs se lassèrent bientôt de l'entendre, les gens plus jeunes ne l'avaient pas appréciée à sa valeur ; elle perdit le reste de son ascendant sur le public et ne fut même plus un objet de curiosité pour la masse des badauds. Le jour où elle ne produisit plus aucune sensation, les entrepreneurs durent la

---

1. *Mémoires secrets*, 14, 17 et 31 juillet 1771.

remercier, et découvrirent, pour la remplacer, une demoiselle Bruna, dont ils annoncèrent les débuts à grand renfort de réclame, en faisant dire partout qu'elle était très-avantageusement connue dans plusieurs cours d'Europe, et qu'elle chantait en s'accompagnant elle-même sur le clavecin [1]. Se voir congédier pour la première venue, se voir préférer une inconnue, une chanteuse de province, quelle chute, quelle humiliation pour celle qui avait pendant des années tenu le premier rang à l'Académie de musique, pour la grande cantatrice qui avait été Oriane, Iphise, Aricie, Ilésione et Déidamie!

Depuis 1762, Mlle Lemaure avait échangé, par légitime mariage, son nom contre celui de Mme de Montbruel, mais elle resta toujours célèbre sous le sien propre, le seul dont on la désignât dans le monde. Cette union fut le dernier caprice de la volage artiste, et il faut avouer qu'elle aurait pu finir plus mal; mais la nouvelle d'une fin aussi exemplaire ne fut pas sans exciter dans le monde une vive surprise et tant soit peu d'envie. « Cette sublime actrice, si connue par sa belle voix, sa laideur et ses caprices, disent les *Mémoires secrets* le 16 septembre, vient de se marier à un jeune homme, chevalier de Saint-Louis, M. de Montrose (Montbruel). » Si c'était réellement un jeune homme, il fallait que ce M. de Montbruel fût tourmenté d'une terrible passion pour épouser une femme de cinquante-neuf ans, à moins qu'il ne fût ruiné et qu'il ne vendît son nom contre des écus.

Si tel fut le vilain calcul du chevalier, — ce qu'on répugne à croire, — il dut se repentir plus d'une fois du marché; car sa femme, pour vieille qu'elle fût, n'avait nulle envie de mourir, et le lui fit bien voir. Il dut vivre en sa compagnie plus de vingt années, car elle ne disparut de ce monde qu'à près de quatre-vingt-deux ans: Mlle Lemaure expira tout au commencement de janvier 1786. Après sa mort même, elle eut encore maille à partir avec le clergé. Le curé de Saint-Nicolas-des-Champs fit des difficultés pour lui accorder la sépulture, d'abord parce qu'on n'avait point appelé de prêtre durant sa maladie, et puis parce que son mari, M. de Montbruel, avait caché pendant plusieurs jours la mort de sa femme, peut-être pour des raisons d'intérêt. Il fallut, pour lever ce dernier obstacle, que les chirurgiens du Châtelet fissent une visite dans la maison de la défunte et attes-

1. *Mémoires secrets*, 22 et 25 septembre 1771.

tassent que sa mort, pour remonter à trois jours au moins, était cependant très-naturelle et ne provenait pas d'un crime [1].

Elle avait, durant sa vie, aidé à railler l'Église ; l'Église refusait de l'admettre en terre chrétienne après sa mort : juste retour des choses d'ici-bas ; mais vivante ou morte, c'est Mlle Lemaure qui eut l'avantage, car elle l'emporta contre le curé de Saint-Nicolas, comme elle avait eu le dernier avec les évêques de Saint-Papoul et de Laon.

---

1. *Mémoires secrets*, 6 janvier 1786.

AUTRES OUVRAGES DU MÊME AUTEUR

EN VENTE A LA MÊME LIBRAIRIE
ET A LA LIBRAIRIE BAUR, 11, RUE DES SAINTS-PÈRES

Le Théâtre des Demoiselles Verrières. LA COMÉDIE DE SOCIÉTÉ DANS LE MONDE GALANT DU SIÈCLE DERNIER; une brochure grand in-8°.

Les Spectateurs sur le Théâtre. ÉTABLISSEMENT ET SUPPRESSION DES BANCS SUR LES SCÈNES DE LA COMÉDIE-FRANÇAISE ET DE L'OPÉRA, avec documents inédits extraits des Archives de la Comédie-Française, un plan du Théâtre Français avant 1759, d'après Blondel, et une gravure à l'eau-forte de M. E. Champollion, d'après Ch. Coypel (1726); une brochure grand in-8°.

Histoire du Théâtre de Mme de Pompadour, dit **Théâtre des Petits Cabinets**; un volume grand in-8°, avec une eau-forte de Martial, d'après Boucher.

La Musique et les Philosophes au dix-huitième siècle; une brochure in-8°.

L'Opéra en 1788. Documents inédits extraits des Archives de l'État; une brochure in-8°.

La Comédie à la cour de Louis XVI. LE THÉATRE DE LA REINE A TRIANON, d'après des documents nouveaux et inédits; une brochure in-8°.

Les Grandes Nuits de Sceaux. LE THÉATRE DE LA DUCHESSE DU MAINE, d'après des documents inédits; une brochure in-8°.

Un Potentat musical. PAPILLON DE LA FERTÉ, SON RÈGNE A L'OPÉRA, DE 1780 A 1790, d'après ses lettres et ses papiers manuscrits conservés aux Archives de l'État et à la Bibliothèque de la Ville de Paris; une brochure in-8°.

Weber à Paris en 1826. SON VOYAGE DE DRESDE A LONDRES PAR LA FRANCE; LA MUSIQUE ET LES THÉATRES, LE MONDE ET LA PRESSE, PENDANT SON SÉJOUR; une brochure in-8°.

TIRÉ A 300 EXEMPLAIRES
dont 75 sur papier vergé.

PARIS. — IMPRIMERIE DE J. JOUAUST, 16, QUAI VOLTAIRE. — 1872.

www.ingramcontent.com/pod-product-compliance
Lightning Source LLC
LaVergne TN
LVHW021702080426
835510LV00011B/1534